역사 유물론의 궤적
In the tracks of historical materialism

역사 유물론의 궤적

초판 1쇄 발행 1994년 3월 20일
초판 4쇄 발행 2023년 3월 25일

저　자　페리 앤더슨
역　자　김 필 호외 1인
작　업　이 동 영
디자인　EG 디자인
CTP　지앤피
인　쇄　재원프린팅
제　본　경신제책사
발행처　도서출판 **새길아카데미**
발행인　황 세 연
판매처　도서출판 **중원문화**
주　소　서울특별시 마포구 서강로 11길-24
주문처　02-325-5966　FAX 02-324-6799
ISBN　978-89-7728-003-8(93120)

역사 유물론의 궤적

In the tracks of historical materialism

페리 앤더슨 지음 ● 김필호/배익준 옮김

2023

도서출판 중원문화

In the tracks of historical materialism

by

Perry Anderson

Reprinted 2023 by Jungwon-munhwa Publishing Co.

역자 서문

번역을 끝내고 보니 이 책이 너무 늦게 나왔다는 생각을 감출 수 없다. 서구 맑스주의와 유로코뮤니즘에 대한 관심은 오래 전부터 일기 시작했으나 2~3년 전부터는 그런 관심도 시들었다. 그 동안 이 책에서 거론되고 있는 주요한 인물들의 이론은 다른 지면을 통해서, 또는 번역 작업을 통해서 소개되었고, 심층적으로 연구되기도 했다. 이제 서구 맑스주의는 더 이상 낯설지 않다. 그러나 서구 맑스주의의 참신함이 사라져 버리면서 동시에 그에 대한 관심도 식어 갔다.

거기에는 다양한 이유들이 제시될 수 있겠지만, 우리가 생각하기에 가장 큰 이유는 서구 맑스주의 —— 이것이 단일한 지적 전통으로 묶일 수 있는지는 의문스럽지만 —— 자체가 고전적 맑스주의처럼 자기 완결적인 사상 체계라기보다는 자기 파괴적 또는 자기 해체적인 미완의 프로젝트이기 때문이 아닌가 한다. 특히 앤더슨의 지역 구분에 따른다면 라틴 맑스주의 계열이 가장 전형적으로 그런 경우이다. 이들은 처음에 맑스주의의 새로운 부흥을 위해 맑스주의에 이질적인 요소들과 지적 전통들을 끌어들이고 접목하였다. 그러한 일련의 작업들은 고전적 맑스주의와 현실 사회주의가 지니고 있던 이론적 실천적 난점들을 설명하고 비판하면서 맑스주의에 새로운 에너지를 불어넣는

데 일정하게 성공적일 수 있었다. 반면 그 작업은 또한 항상적으로 자기 내부의 이질적 요소들간의 충돌과 긴장 상태에 놓여 있었다. 이런 와중에서 60년대 말 서유럽의 정치적 상황은 달아오르기 시작했고, 이제 막 디아마트의 악령에서 벗어나기 시작한 '사변적 철학적' 서구 맑스주의는 시가전으로 내몰리게 된다.

우리도 지금 뼈저리게 경험하고 있는 바이지만, 운동의 몰락은 사상의 몰락을 필연적으로 수반한다. 1968년의 정치적 패배 이후, 서구 맑스주의의 해체는 그 지도적 인물들의 변절, 자살, 침묵 등의 형태로 나타났다. 그러나 정치적 패배는 그것의 직접적인 원인이라기보다는 촉매에 불과했다. 그 동안 맑스주의의 지적 자양분을 충분히 흡수했던, 그리고 이제 좌파 운동의 진보성과 정당성이라는 일종의 부채에서 벗어난 자유로운 정신들은 구조주의로, 후기 구조주의로, 포스트모더니즘으로 자유롭게 부동(浮動) 하면서, 아직도 근대성과 계몽주의에 사로잡혀 있는 맑스주의를 조롱했다. 데리다나 푸코, 보드리야르 같은 인물이 직간접적으로 맑스주의와 관련이 있었다는 사실은 이를 증명해 준다.

이러한 운명은, 서구 맑스주의가 한국에서 80년대의 레닌주의를 대체할 새로운 사상 체계로 되지 못함을 말해 주는 것이다. 사람들은 서구 맑스주의의 '참신한' 문제 제기에 잠시 취해 있다가도 곧 사태를 깨닫고 그런 문제 제기를 가능하게 했던 이질적 요소들과 전통들로 관심을 돌리기 시작했고, 그런 문제 의식을 극단화한 새로운 사상으로 이동하기 시작했다. 영미 과학철학, 소쉬르의 구조주의 언어학, 프로이트의 정신분석학, 니체의 권력 의지가 새삼스러운 고전의 권위를 부여받았고, 푸코, 데리다, 들뢰즈-가타리, 료타르, 보드리야르, 라클라우-무페 등이 속속 무대의 전면에 부상하였다.

그러면 서구 맑스주의는 단지 맑스주의에서 비맑스주의적인 것으로 '이행'하기 위한 중간 단계에 불과한 것인가? 만일 그렇다면, 그나마 시의성이 떨어지는 이 책은 아예 존재 가치조차 없어지게 된다. 서구 맑스주의는 반공주의 교과서에 나오는 지적처럼 서구 '맑스주의'임에 틀림없고, 따라서 그들이 맑스주의자로서 비맑스주의적인 것——기존의 맑스주의적 사고로는 설명할 수 없는 것——을 어떻게 사고하려고 했는가를 주목할 필요가 있다. 그들의 시도를 성공적이라고 보고 새로운 전범으로 삼으려는 사람도 있고, 실패하여 해체되었다고 보고 맑스주의를 건너뛰는 지렛대로 삼는 사람도 있으며, 매우 신비주의적으로 해석하여 "뭔가 해답이 숨겨져 있다"고 보는 사람도 있을 것이다. 어쨌든 분명한 것은 그것이 고전 맑스주의로부터 한걸음 내딛었다는 것이며, 기존의 사고를 혁신하고자 하는 사람에게는 '사고하는 방법'에 대한 지침을 줄 수 있었다는 것이다.

이 책은 페리 앤더슨(Perry Anderson)의 『역사유물론의 궤적(*In the Tracks of Historical Materialism*, Verso, 1983)』을 완역한 것이다. 저자의 서문에도 나와 있듯이 미국 캘리포니아대학에서의 강연을 책으로 내고 거기에 좀 긴 후기를 달았다. 그의 이전 저작들의 거창한 주제에서도 드러나듯이 저자가 '스케일이 큰' 역사학자인 탓도 있고, 강연 내용을 그대로 옮긴 탓도 있어서인지, 이 책에서는 굉장히 방대한 내용을 거칠게 스케치하고 있다. 따라서 그의 말처럼 서구 맑스주의의 대체적인 지도(地圖)를 그리고, 거기에 나름대로의 논평을 붙인 것이라 할 수 있겠다. 그는 서구 맑스주의의 복잡다단한 전통을 지역별로 나누어서 라틴 맑스주의(프랑스, 이탈리아), 게르만 맑스주의(독일계), 영미권 맑스주의로 크게 분류하고 있다. 1장에서는 이 책의 전편이라고 할 수 있는 『서구 맑스주의 연구』에서 그가 예견했던 서구 맑스주의의 모습을 현실의 그것과 대조하면서 전반적인 상황을 설명하고 있다. 2장에서는 라틴 맑스주의의 몰락을 부추긴 구조주의와 후기 구조주의 사상이 맑스주의의 난점이었던 구조와 주체의 문제를 성공적으로 해결하지 못했다고 비판하고 있다.

3장에서는 하버마스로 대표되는 독일의 프랑크푸르트 맑스주의에 대해 평가하면서 유로코뮤니즘의 역사적 실패 원인을 서구 맑스주의의 고유한 특징인 '전략의 빈곤'으로 설명하고 있다. 그리고 후기에서는 새로운 사회주의 운동의 전망과 관련하여 구조와 주체를 적절히 통합할 새로운 전략과 이를 포함하는 역사유물론의 부흥에 대해 논의하고 있다.

서구 맑스주의나 구조주의 및 후기 구조주의를 다루는 앤더슨의 이 책은 입문자가 볼 만한 책으로는 손색이 없을 듯하여 우리는 번역에 착수하였고 우리들이 서구 맑스주의와 대면하기 시작한 것도 이 책을 통해서였다. 오역과 결함에 대한 모든 책임은 우리에게 있다.

1994년 3월 14일

김필호 · 배익준

역사유물론의 궤적

차례

●일러두기

〔 〕는 역자가 독자의 이해를 돕기 위해 보충한 부분이며,
*표가 붙은 주는 역자 주, 다른 주는 저자의 주다.

서문

이 짧은 책의 원문에 대해서는 약간의 설명이 필요하다. 어빈(Irvine)에 있는 캘리포니아대학의 비판 이론 프로그램이 웰렉문고(Wellek Library)와 공동으로 마련한 시리즈에서 나에게 세 번의 강의를 해 달라고 청탁했을 때, 나는 비판 이론들 중 현대적 상황에 대해 논의하는 것을 택했다. 나는 1970년대 중반에 이미 1차대전 이후 서유럽 맑스주의의 발전을 묘사하고 그것의 대략적인 방향들에 대해 몇 가지 예측을 한 바 있기 때문에, 그 이후의 지적 발전을 검토하면서 이전에 내가 내린 추측들이 얼마나 들어맞았는지 확인하는 행운을 얻었다. 그러나 그 결과가 『서구 맑스주의 연구 *Considerations on Western Marxism*』의 정확한 속편은 아니다. 그 이유는 부분적으로 이 책이 다루고 있는 기간이 너무 짧기 때문이고. ——실제로는 10년도 채 되지 않는다. 이 정도의 기간은 반세기의 역사가 지나야 가능한, 확정된 회고 따위의 것들을 허용하지 않는다——

이렇게 가까운 거리로부터는 비율과 관계들이 항상 축약되어 그려지기(foreshorten) 쉬워 결과적으로는 내용이 왜곡되기 때문이다. 여기에 제시된 분석의 형태 역시 이전의 것과는 다르다. 아카데믹한 배경하에서 강의로 말해진 것이라서, 보통의 책들보다는 더 많이 비공식적인 언어를 쓰고 있고, 인칭대명사도 더 많이 사용하고 있다. 이것을 사후에 고치는 것은 부자연스러울 것 같다. 그래서 이 점에 대해서는 사과를 드려야 하겠다. 원문의 또 다른 특이함은, 뒤에서 보게 되겠지만 첫머리에 주제를 도입하는 방식이다. 예를 들면 '비판이론' 그 자체에 대한 통념, 그것의 모호성에 관한 일반적인 언급이라고 쓴 첫머리에 주제가 도입된다.

이전 연구의 선상에서 벗어난 또 한가지를 이야기해야 하겠다. 맑스주의 내부에서 이룩된 최근의 발전을 실제적으로 고찰하기 위해서는 맑스주의 외부에서 동시에 발생하여 맑스주의의 운명에 영향을 주었거나 준 것처럼 보인 철학의 발전을 살펴보아야 한다. 이러한 이유 때문에 두번째 강좌는 많은 부분 프랑스 구조주의와 후기 구조주의* 에 관한 논의에 할애되었다. 여기에서 나는 이중의 빚을 지고 있다. 이 영역을 다룰 때 나는 세바스티아노 팀파나로(Sebastiano Timpanaro)로부터 일반적인 면에서 영감을 얻었다. 그가 비판적인 학문과 정치적인 굳건함을 결합한 것은 우리 세대 모든 사회주의자들에게 보인 하나의 모범이다. 부분적인 성찰에서는 피터 듀스(Peter

*) 'post-structuralism'은 역자에 따라 '탈구조주의' 내지는 '후기 구조주의', 또는 양자 모두 원어의 뜻을 살리지 못한다는 의미에서 '포스트구조주의'라고 번역하기도 한다. 이 책의 저자는 구조주의와의 단절보다는 연속성을 강조하는 입장에 서 있으므로(이 책의 2장 참조) '후기 구조주의'라고 번역하기로 한다.

Dews)에게 힘입은 바 매우 크다. 곧 출판될 이 주제에 관한 그의 책 『프랑스의 철학적 모더니즘 비판 *A Critique of French Philosophical Modernism*』은 그 범위가 비할 바 없이 넓으며 내용이 탁월한데, 그것은 내가 가지고 있지 못한 권위와 공감을 불러일으킨다. 그 책이 출판되면 이 책은 곧 폐물이 되어 버릴 것이다. 이 책은 어느 정도 번지수가 다름에도 불구하고 피터 듀스의 저작을 어떤 식으로든 준비한다는 목적에 봉사할 것이다.

강의를 완벽히 마무리하기 위해서, 나는 강의에서 직접적으로 나타나지 않는 몇 가지 문제들——핵심적으로 맑스주의와 사회주의간의 관계와 관련된 쟁점들——을 제기하고 있는 후기를 포함했다. 전체적으로 이 책은 지난 시절에 전개된 역사유물론의 변화를 추적하려고 하는데, 그것은 한 방향으로만 나아가지 않았다. 그 결과 나의 논의는 필연적으로 잠정적인 독해보다 나을 수가 없었다. 따라서 이 책은 70년대에서 80년대로 넘어가면서 생긴 몇몇 지적 환경의 변화들에 대한 거친 안내만을 제공할 뿐이다. 나는 이 책이 비교문학의 선구자이자 비평사(history of criticism)의 대가(大家)인 르네 웰렉의 이름으로 된 시리즈로 출판되는 것에 기쁨을 느낀다. 그가 넉넉한 국제주의적 정신을 가지고 있었고 합리적인 논의 및 평가에 대해 고전적 기준을 옹호했던 것은——그 자신과는 거리가 먼 사고체계인——맑스주의의 가치에 애착을 가진 사람이라면 누구나 존경할 만하다. 어쨌든 그는 나와 동일한 일을 했다. 웰렉은 『구별 *Discrimination*』의 끝에서 독자들에게 '당대 유럽 비평의 지도(地圖)'를 제공하였다. 이 글에서도 그와 유사한 비평이 북미와 서유럽의 역사유물론에 대해 시도되고 있다. 나는 이런 시도를 할 수 있는 기회를 얻은 것과 어빈에서 베풀어 준 그들의 따뜻한 환대에 대해 프랭크와 멜리사 렌트리셔, 마크 포스터, 그리고 존 위너에게 특히 감사를 드린다.

1. 예측과 성과

오늘 저녁 우리를 이 자리에 데려온 '비판 이론(critical theory)'*[1] 이라는 용어는 생산적일 수도 있는 독특한 모호함들을 포함하고 있다. 우선 그것은 무엇에 대한 이론인가? 그것은 기본적으로 두 극 사이에서 동요한다. 그것은 문학에서는 가장 친근하게 우리가 존경하는 이름과 작품을 일깨워 주며,*[2] 사회〔이론〕에서는 문학에서보다는 덜 전파되어 있지만 보다 논쟁적이고 신랄한 전통을 가지고 있다. 이 두번째 용법은 첫번째 것과 구별하기 위해 두 단어의 앞 철자를 종종 대문자로 쓰기도 한다〔Critical Theory〕. 이 용어의 또 다른

---

*1) 원문에서는 critical, critique, criticism으로 통일되어 쓰이고 있는데, 우리말로는 문학과 관련된 경우는 '비평'으로, 사회 이론과 관련해서는 '비판'으로 문맥에 따라 번역하였다. 따라서 여기에서 '비판 이론'이란 문학과 관련해서는 '비평 이론'을 지칭하는 것이다.

*2) 여기서 critical theory는 문학의 '비평 이론', 즉 문학 비평과 관련된 이론들을 말하는 것이다.

구성 요소는 다음과 같은 질문을 제기한다. "어떤 종류의 비판이 이론화되는가?" "무엇을 토대로 하고 어떤 원칙에 입각해서인가?" 여기에서는 취할 수 있는 입장의 범위가 폭넓은데, 이 시리즈*[3] 자체의 포괄성(catholicity)이 그것을 말해 준다. 르네 웰렉의 『비평의 역사 *History of Criticism*』를 읽은 독자들은 알겠지만, 문학 비평 내의 다양한 입장과 그에 따른 마찰과 알력은 항상 문학적인 것을 사회적인 것과 뒤엉키게 하는 경향 때문이었다. '이론'이라는 통념을 아주 강력하게 거부했던 사람들조차 문학적인 것과 사회적인 것의 강제적인 연관을 자주 증명하곤 했다. 결국 리비스(Leavis)*[4]가 선언하였듯이 문학 비평은 '삶의 비평〔비판〕'이라고 할 수 있다. 이 내키지 않는 움직임은 명시적으로든 암시적으로든 문학적인 것으로부터 사회적인 것으로 나아갔으나, 사회적인 것에서 문학적인 것으로의 역전은 거의 나타나지 않았다. 그 이유를 찾기란 어렵지 않다. 문학 비평은 '실천적'이든 '이론적'이든 단지 **비판**이기 때문이다. 그것의 억제할 수 없는 **가치 평가적인** 충동은 텍스트의 한계를 뛰어넘어 그 외부에 있는 삶으로 나아가려는 무의식적인 경향을 가지고 있다. 역설적이게도 사회 이론은 문학적인 것과 사회적인 것을 비교하고 구별해야 하는 책임을 결여하고 있다. 북미 사회학을 오랫동안 지배해 온 주류 행위 이론은 이에 매우 가깝다. 대부분의 문학 이론이 직·간접적으로 사회에 관한 담론을 제안하고 있는 반면, 상대적으로 문학에 관한 담론을 간접적으로라도 포함하고 있는 사회 이론은 거의 드물다. 파슨즈*[5]의 시학(詩學)을 상상하기는 어려우나, 신비평

---

*3) 이 책이 출판되는 웰렉문고 시리즈를 말한다.

*4) 리비스(F. R. Leavis) : 영국의 문학평론가.

(New Criticism)*6)의 저작에서 사회학이나 역사학을 찾아내기란 쉬운 일이다.

내가 논의하고자 하는 비판 이론은 이러한 측면에서 하나의 예외이다. 물론 맑스주의는 전체 사회의 본성이나 방향에 관한 대규모적이고 걸출한 사고 범주가 되었다. 그것은 또한 이 영역의 다른 모든 경쟁자들과는 달리 문학에 대한 광범위한 담론을 발전시켰다. 여기에는 많은 이유가 있다. 그 중 하나는 역사유물론의 창시자 자신들이 체험했던 자본주의적 질서에 가한 비타협적인 **비판**이다. 처음부터 근본적이고 의심할 여지 없는 비판적 전망을 가진 맑스주의는 자신의 고유한 동력에 의해 문학 비평 영역(terrain)으로 빠르게 이끌려 갔다. 맑스가 라살레에게 보낸 첫 편지는 이 움직임이 얼마나 당연한 것인가를 보여 준다. 그러나 그 당시나 그 후 맑스주의 내부에서 진행된 사회적 담론과 문학적 담론 간의 일치는 수월하지 못했다. 반대로 관련 기록에 의하면 담론은 다중의 단절과 대체, 교착으로 쪼개진 복잡하고 긴장되며 불균형적인 것이었다. 만일 메링(Mehring)의 시대 이래로 이들 사이에 완전한 결렬이 일어난 적이 없다고 한다면, 그것은 의심할 바 없이 **비판**의 공통적인 출발점을 넘어서서 각자의 지평을 따로 만들어 가는 궁극적인 **역사적** 항로를 이들이 가지고 있다는 사실에 기인한다. 그렇다면 현대에 '비판 이론'이라는 말의 용법이 두 가지 내포를 지닌다는 것은 완전히 우연한 일만은 아니다. 그것은 한편으로는 문학에 관한 일반화된 이론 체계를 의미하고, 다른 한편으로는 맑스로부터 유래하는 특수한 사회

*5) 탈코트 파슨즈(Talcott Parsons) : 미국의 사회학자, 구조기능주의 이론의 창시자.
*6) 1차대전 후 미국에서 나타난 문학 비평의 조류.

이론의 집성체(corpus)를 의미한다. 관습적으로 앞 철자를 대문자로 쓰는 것은 후자다. 이는 본래 1930년대 프랑크푸르트 학파의 영향에 의한 것이다. 1937년에 이 말의 의미를 성문화한 호르크하이머(Horkheimer)는——그들 세대가 보기에——제2인터내셔널의 유산에 의해 심각하게 무디어진 맑스 유물론의 날카로운 철학적 칼날을 회복하려고 했다. 호르크하이머는 비판 이론가들의 '유일한 관심'은 정치적으로 "착취 없는 사회로의 발전을 가속화하는 것"이라고 선언했다.[1] 그러나 지적으로 그는——후에 아도르노(Adorno)의 말에 의하면——"유물론을 특징짓는 것이 무엇인가를 사람들이 이론적으로 의식하게끔 하고자"[2] 애썼다. 몇 년에 걸친 프랑크푸르트 학파의 주요한 개입은 이런 방향으로 나아가고 있었다. 그 방향이란 고전 철학과 그 현대적 계승자들의 유산과 모순에 대한 길고 정열적인 비판적 해명이다. 이것은 일생을 미학(美學)에 바친 아도르노나 마르쿠제에 의해 몇 년에 걸쳐 점진적으로 문학과 예술의 영역으로 나아갔다. 〔그러나〕 단순히 무계급 사회를 목표로 한다는 관점에서, 또는 의식적으로 유물론적인 철학 방식을 취한다는 관점에서 맑스주의를 비판 이론으로 정의하는 것은 여전히 불충분하다. 맑스주의에 진정으로 적절한 명명은 다른 곳에 있다.

원칙적으로 역사유물론이 대표하는 비판에 특징적인 것은, 그것이

1) Max Horkheimer, "Traditionelle und kritische Theorie", *Zeitschrift für Sozialforschung*, Vol. 2, 1937, 274쪽. 나아가 그는 비판 이론가들은 "자신들이 피착취자들 사이에서의 지배적인 견해와 모순됨을 알아차릴" 수 있다고 썼다. 정말로 "이러한 갈등의 가능성이 없다면, 이들이 이론을 얻고자 하는 욕구도 없을 것이다. 왜냐하면 이론은 즉각적으로〔무매개적으로〕 이용 가능할 것이기 때문이다."

2) Theodor Adorno, *Negative Dialectics*, London, 1973, 197쪽.

자신과 분리할 수 없는 끊임없는 자기 비판을 포함한다는 것이다. 즉 맑스주의는 역사 이론임과 동시에 그 이론의 역사를 제공할 것을 요구하고 있는 것이다. 맑스와 엥겔스가 자신들의 지적 발견의 조건을 자본주의 사회가 가진 지배적인 계급 모순으로 정의하고, 자신들의 정치적 목적을 단지 '이상적인 상태'가 아니라 '사물들의 현실적 운동'에서 산출되는 것으로 정의했을 때, 바로 그 시초부터 맑스주의의 맑스주의는 자신의 헌장에 각인되었다. 〔맑스주의의 맑스주의라는〕 이 개념은, 마치 향후의 시간이 진리를 보증하고, 생성(生成)이 존재를 보증하며, 단순히 변화에 침잠하는 것이 교의의 무오류성을 보증하는 것처럼 보이는 자기 만족적인 실증성의 요소와는 무관하다. "프롤레타리아 혁명은 자기 자신을 항상적으로 비판하고, 자신의 방향에서 지속적으로 스스로를 중단하며, 새로 시작하기 위해 명백히 성취된 것들로 되돌아가고, 최초 노력의 부적합함과 유약함과 보잘것없음을 무자비하고 철저하게 비웃으며, 자신의 적이 땅으로부터 새로운 힘을 끌어내 자신 앞에 보다 거대한 모습으로 다시 일어서도록 하기 위해서 적들을 내동댕이쳐 버리는 것처럼 보인다"고 맑스는 썼다.[3] 두 세대 후의 칼 코르슈(Karl Korsch)는 격렬했던 1848년 이래로 맑스주의가 이룩한 발전에 혁명적 자기 비판을 최초로 적용했다. 그는 '맑스주의 이론이 탄생한 이래로 거쳐 온 주요한 세 단계에서 그리고 이 시대의 구체적인 사회 발전의 맥락에서 혁명적 자기 비판을 필연적이었던 것'[4]으로 특징지었다. 그 글은 1923년에 쓰여

3) Karl Marx, "The Eighteenth Brumaire of Louis Bonaparte" in Marx-Engels, *Selected Works*, Moscow, 1951, 228쪽(「루이 보나파르트의 브뤼메르 18일」, 『맑스 엥겔스 저작 선집 2』, 박종철 출판사).

졌다. 그는 맑스주의 이론의 네번째 단계를 스스로도 완전히 알지 못한 채 맞고 있었다. 네번째 단계의 최종적인 형상은 그가 당시에 기대하고 소망했던 것과는 동떨어진 것이었다. 나는 제1차 세계대전의 여파에서 제2차 세계대전 이후의 오랜 호황에까지 이르는—— 1918년에서 1968년까지 반세기 동안의—— 서구 맑스주의의 경로와 양상에 관한 논문에서 이러한 형상이 무엇으로 판명되었는가를 탐구하려 했다.[5] 1970년대 중반에 쓴 그 논문은 하나의 진단과 몇 가지 예측을 포함하고 있다. 그 논문은 긴 시기의 잠정적인 대차대조표를 작성했다. 그 긴 시기란 새로운 배경 속에서 맑스주의 이론이 움직이고자 하는 또는 움직여야만 하는 내밀하고 암시적인 다른 방향을 도출하는 것처럼 보였다고 나는 썼다. 이 강의의 주요한 목적은 그 논문의 분석과 예견의 정확성을 그 후의 발전에 비추어 측정하는 것이다.

그러나 이 일을 시작하기 전에 예비적인 고찰을 수행할 필요가 있다. 나는 맑스주의가 자신의 발생과 변형을 설명할 수 있는 자기비판적 이론을 구성하는 능력—— 혹은 최소한 그러고자 하는 야심—— 을 가지고 있다는 점에서 비판 이론의 다른 변종들과는 다르다고 말한 바 있다. 그러나 이러한 특수성은 보다 심오한 설명을 요한다. 우리는 물리학이나 생물학이 스스로 과학적인 물리학 및 생물학의 출현을 사고하는 데 필요한 개념들을 우리에게 제공해 주리라고 기대하지 않는다. 그러기 위해서는 통상적으로 '타당화'라는 맥락이

---

4) Karl Korsch, *Marxism and Philosophy*, London, 1970, 51쪽.

5) *Considerations on Western Marxism*, London, 1976 (『서구 마르크스주의 연구』, 이론과 실천).

아닌 '발견'이라는 맥락에 속한 또 다른 어휘가 필요하다.*7) 확실히 〔물리학이나 생물학 같은〕 과학의 역사를 인식할 수 있는 가능성은 단순히 과학 외적인 문제가 아니다. 그와 반대로 이러한 과학들은 일단 구성되고 나면 내부에 제기된 각각의 문제들에 의해 그리고 그 문제들의 계속적인 해결에 의해 조절되어 상대적으로 높은 수준의 내적인 진화를 일반적으로 달성한다. 조르주 캉길렘(Georges Canguilhem)은 생명 과학에 대한 역사가로서 과학〔의 영역〕을 침범하는 '규범적인' 사회적 차원의 연구에 뚜렷한 공헌을 남겼다. 그럼에도 불구하고 그는 여러 과학의 공통적인 '가치론적 기능은 진리를 탐구하는 것'6)이라고 말하는 데 주저하지 않았다. 이 진리 탐구라는 가치는 점차 내적인 조절자로 행동하면서, 아주 외적인 문화사나 정치사의 규정적 질서로부터 과학을 격리했다. 혹자는 자연 과학의 기원이 그 자신의 이론적 영역으로부터 완전히 벗어난 것임에도 불구하고, 그것이 발전하면 할수록 그 발전을 설명할 다른 이론적 영역은 점차 필요 없게 된다고 말할지도 모른다. 제도화된 '진리 탐구'와 지배적인 패러다임에 의해 짜여진 문제 구조는 과학의 성장을 설명해 주는 지배적인 척도를 충족한다. 앵글로색슨의 과학철학자인 라카토스(Lakatos)와 마찬가지로 캉길렘은 이러한 의미에서 파생과 단절,

---

*7) '발견의 맥락'과 '타당화의 맥락'의 구분은 어네스트 나겔(Ernest Nagel)에 의한 것이다. 그에 따르면, 현상을 설명하기 위해 가설을 정립하는 과정에서는 과학자의 가치 판단이 개입되는데, 이것이 이른바 발견의 맥락이다. 타당화의 맥락이란 그로부터 얻은 지식의 타당성을 검증할 때에는 객관성의 증거에 의존한다는 것이다. Ernest Nagel, *The Structure of Science*, New York, Harcourt Brace Jovanovich, 1961(김경동, 『사회학의 이론과 방법론』, 박영사, 1989, 177~178쪽 참조).

6) Georges Canguilhem, *Etudes d'Histoire de Philosophie des Sciences*, Paris, 1970, 19쪽.

전환이라는 인과 연쇄를 따르는, 자연 과학의 개념이 가지는 내적 역사의 선차성을 확증한다. 캉길렘에게 있어서 과학의 외적 역사는 항상 존재하나 오직 '정상적인' 진보가 주춤거리는 국면에서만 인과적으로 결정적인 것이 된다.*8)

이와 대조적으로 문학 연구와 같은 분야들——전통적으로 인문과학이라고 기술된다——은 이러한 유의 누적적인 합리적 진보를 거의 요구한 적이 없다. 그것들은 기원에서는 자연 과학과 같은 종류의 외적 규정에 종속되어 있으나, 그 이후로는 이 규정에서 같은 방식으로 벗어난 적이 없었다. 바꾸어 말하자면, 그것들은 진실한 것(the veridical)의 자율성에서 유래하는 가치론적 안정성도 없었고, 자신의 개념으로 구성된 질문의 변화하는 양상을 설명할 수 있는 자기 반성적인 기동력도 없었다. 후자(자기 반성적 기동력)를 명시적으로 추구한 하나의 분야는 셸러(Scheler)와 만하임(Mannheim)에 의해 발전된 지식사회학이었다. 그러나 이러한 지식사회학의 노력은 너무 지나치게 나아가서 자신이 해체하는 이데올로기나 유토피아에 어떠한 인지적 유효성을 부여하는 것도 실질적으로 거부하는 상대주의에 이르렀고, 그럼으로써 스스로의 존립 근거도 침식하게 되었다. 아도르노는 "'모든 것이 이데올로기'라고 하는 무차별적으로 총체적인 이데올로기 개념은 아무것도 아닌 것으로 끝난다. 이데올로기가 일단 어떤 참된 의식과 다르지 않다면 그것은 더 이상 그릇된 의식을 비판하는 데 적합하지 않다"고 말했다.[7] 그는 지식사회학과

*8) 바슐라르-캉길렘으로 이어지는 프랑스 과학철학·과학사에서의 '인식론적 역사'(또는 역사적 인식론)에 대한 설명으로는, Dominique Lecourt, *Marxism and Epistemology——Bachelard, Canguilhem and Foucault*, NLB, 1975.

역사유물론을 분리하는 구분선이 '객관적 진리의 사상'이라고 올바르게 주장했다. 우리는 명백히 무해한 이 평범한 문구가 놀랄 만큼 중요하다는 것을 내일*9) 살펴볼 것이다. 당분간은 단지 맑스주의에 대한 맑스주의적 반성을 위한 약정(protocol)은 이중적일 것이라는 점을 지적하는 것이 필요하다. 한편 어떤 시기에나 역사유물론의 운명은, 자신을 특징짓고 자신의 사고 도구에 의해 그 경로가 설계된 일국적 · 국제적 계급 투쟁의 복잡한 그물망 속에 들어 있다. 세계를 해석하는 데 전력을 기울이는 맑스주의 이론은 세계를 변혁하고자 하는 대중적 실천과 완전한 통일을 항상 목표로 한다. 따라서 이 이론의 궤적은 **기본적으로** 그러한 실천의 운명에 의해 항상 결정되어 왔다. 지난 10년간의 맑스주의에 대한 보고서는 필연적으로 첫번째 심급의 외적 환경을 이루는 정치사일 것이다. 역사유물론의 이론적 발전에 대한 책임 있는 설명을 할 때, 독일 역사학파의 일원인 랑케의 슬로건을 빌려, 영구적인 **외교의 우위성**(Primat der Aussenpolitik)*10)을 말할 수 있을 것이다. 이러한 측면에서 웰렉과 워런(Warren)이 『문학 이론』에서 이야기한, '내적' 접근이 '외적' 접근을 지배한다는 바로 그 순차적 질서는 역전된다.[8] 그러나 동시에 맑스와 만하임(또는 그의 현대적 계승자) 간의 커다란 간격 때문에 당대의 보편적

7) *Negative Dialectics*, 198쪽.

*9) 연속 강좌의 두번째 날. 이 책의 2장 '구조와 주체'.

*10) 외교가 내치(內治)보다 우위에 있다. 즉 역사유물론의 이론으로서의 발전에는 이론 내적인 요인보다는 이론 외적인 요인(계급 투쟁)이 더 크게 작용한다는 것을 풍자적인 비유를 통해 이야기하고 있다.

8) René Wellek and Austin Warren, *Theory of Literature*, London, 1963, 73~74쪽과 139~141쪽을 비교해 보라.

진리에 접근하려는 시도를 할 때, '외적' 접근이 지배적인 설명은 이론 **내적인** 장애와 난점, 방해에 직면한다. 세계 정치라는 모루 위에서 두들겨 펴진 순전히 환원적인 맑스주의의 역사는 자신이 다루는 대상의 본성과 모순된다. 맑스 이전에도 사회주의자들은 있었다. 맑스가 도입한 독설은 오늘날에도 여전히 많은 사회주의자들*11)을 ―― 자본가들은 말할 것도 없고 ―― 모욕하고 있는데, 그것은 **과학적** 사회주의에 대한 열망에서 비롯되었다. 그것은 이성적으로 통제할 수 있는 명증성과 진리의 기준에 의해 지배된다. 진보나 통찰력의 내적 역사뿐 아니라 인지적인 실명(失明)과 장애의 **내적** 역사는, 지난 시기 맑스주의의 운명을 진정으로 재검토하는 데 핵심적인 사항이다. 그것이 없이는 자기 비판의 진정한 설득력도 없을 것이다. 〔이 내적인 역사를 고찰하지 않고〕 보다 폭넓은 역사의 움직임에 의지하는 것은 물질적인 설명에서 벗어나 지적인 면제나 변명으로 빠져 드는 경향을 띠게 된다.

이제 주어진 문제로 넘어가자. 서구 맑스주의의 지형은 러시아 혁명의 승리와 고립 이후 오랫동안 유지되어 왔다. 근본적으로 그것은 1917년 볼셰비키에 의한 최초의 돌파 이후 유럽 선진 자본주의 국가에서 노동 운동이 거듭하여 패배한 데 따른 산물이다. 이러한 패배는 세 번의 물결로 몰려왔다. 첫째로 1차대전 직후 중부 유럽에서의 ―― 독일, 오스트리아, 헝가리, 이탈리아에서의 ―― 프롤레타

*11) 비맑스주의적 사회주의자들을 말한다. 오언, 푸리에 등의 공상주의적 전통을 계승한 사회주의자들이 대표적이다. 이 책의 '후기'를 보라.

리아 봉기는 1918년과 1922년 사이에 진압되었고, 이로 인해 이들 모든 나라에서 10년 내에 파시즘이 승리자로 등장했다. 둘째로 스페인과 프랑스에서 1930년대 후반의 인민 전선은 스페인 공화국의 붕괴와 2년 후 (비시 정권*[12]으로의 길을 연) 프랑스 좌파의 와해와 함께 몰락했다. 마지막으로 대중적인 공산당과 사회당에 의해 주도된 레지스탕스 운동은 1945~46년에 걸쳐 서유럽을 들끓게 했으나, 나치즘에 대한 무장 투쟁에서 얻은 그들의 권위를 그 후 항구적인 어떤 정치적 헤게모니로도 바꾸어 놓지 못했다. 그러자 안정화된 의회민주주의와 출현하고 있는 OECD*[13] 질서에 입각한 소비 사회 내에서, 전후의 오랜 호황은 점진적으로 그리고 가차 없이 노동을 자본에 종속시켰다.

새로운 종류의 맑스주의 이론이 결정화(結晶化)된 것은 바로 이러한 역사적 좌표들의 전체적인 묶음 내에서이다. 동구에서는 소련의 스탈린주의가 공고해졌다. 서구에서는 영국과 미국이라는 세계에서 가장 오래되고 가장 거대한 자본주의 사회가 아래로부터의 어떠한 혁명적 도전에도 방해받지 않고 존속했다. 이 양측의 보루 사이에서, 맑스주의의 후기 정통파의(post-classical) 형태는 노동 운동이 자본에 진정으로 혁명적인 위협을 가할 수 있을 만큼 강력한 사회들에서 번성하였다. 이 사회들에서 노동 운동은 모든 사회주의적 사상의 필수적인 지평인 대중의 정치적 실천을 체현하고 있었지만, 아직 자본〔주의〕을 전복할 만큼 강력하지는 못했다. 반대로 매번 중대한 시험의 순간에는 잇따른 근본적 패배를 겪었다. 독일, 이탈리아, 프랑

*12) 2차대전 당시 독일이 프랑스를 점령했을 때 세웠던 괴뢰 정부.

*13) UN경제협력개발기구(Organization for Economic Cooperation and Development).

스는 1918년에서 1968년까지 약 50년 동안 서구의 맑스주의의 조국으로 생각되었던 나라들이다. 이들 나라의 맑스주의가 지닌 본성은 재앙의 인상을 품을 뿐 아니라 재앙을 동반하며 그것에 포위되어 있어야 하는 것이었다. 무엇보다도 그것은 혁명적 사회주의를 위한 대중적 운동과 맑스주의 사이의 연결 고리를 떼어 놓았다는 점에서 두드러져 보였다. 이 점은 그 출발부터 드러났는데, 서구 맑스주의 창시자 3인조의 경력이 이를 잘 보여 준다. 루카치, 코르슈, 그람시 등은 각각 자기 나라에서 1차 대전의 영향을 받은 공산주의 운동의 활동적인 지도자이자 조직가였다. 그러나 이들 개척자들이 망명이나 투옥을 당하자, 이론과 실천은 시대의 압력에 의해 치명적으로 분리되어 표류하였다. 담론으로서의 맑스주의의 터전은 노동조합과 정당에서 연구 기관과 대학으로 점진적으로 옮겨갔다. 1920년대 후반과 1930년대 초반 프랑크푸르트 학파의 발흥으로부터 시작하여, 1950년대의 초냉전(High Cold War) 시기까지 이런 변화는 실제로 절대적이었는데, 이때〔50년대〕 비중 있는 맑스주의 이론가들은 계급 투쟁의 초소에 있었던 것이 아니라 대학에 자리를 잡고 있었다.

이러한 제도적 영역으로의 이전은 지적인 초점의 변화에 반영되었다. 맑스가 철학에서 정치로, 정치에서 경제로 연속적으로 자신의 연구를 이동시킨 데 반해, 서구 맑스주의는 그의 경로를 전도시켰다. 맑스주의적 틀 내에서 자본주의에 대한 주요한 경제적 분석은 대공황*14) 이후 상당 부분 명맥이 끊겼다. 부르주아 국가에 대한 정치적 검색은 그람시가 침묵한 이후로 사라져 갔다. 실현 가능한 사회주의

*14) 1929년에 미국에서 시작된 대공황.

로의 길에 관한 전략적 논의는 거의 완전히 사라졌다. 이것들을 점차적으로 대체한 것은 순전히 철학적 담론의 부활이었는데, 그것은 방법의 문제에 집중되었다. 이는 그 성격상 실재〔론〕적이기보다는 인식론적이었다. 이러한 측면에서 코르슈의 1923년 저작인 『맑스주의와 철학 *Marxism and Philosophy*』은 예언적이었다. 사르트르, 아도르노, 알튀세, 마르쿠제, 델라 볼페(Della Volpe), 루카치, 블로흐(Bloch), 콜레티(Colletti) 등은 비록 변증법적으로 재정식화하고 전문가적인 난해함을 피하는 어법으로 썼다고 하더라도, 〔결국은〕 인식에 관한 문제에 본질적인 초점을 맞춘 주요한 종합(synthesis)들을 생산했다. 이들은 자신들의 목적을 위해서 각각 맑스 이전의 철학적 유산들 즉 헤겔, 스피노자, 칸트, 키에르케고르, 셸링 등에 의지했다. 동시에 서구 맑스주의의 각 학파는 비맑스주의적 성격을 지닌 동시대의 지식 체계들과 종종 공생에 가까운 긴밀한 접촉을 유지하며 발전했다. 루카치의 경우는 베버로부터, 그람시의 경우는 크로체*[15] 로부터, 사르트르의 경우는 하이데거로부터, 알튀세의 경우는 라캉(Lacan)으로부터, 델라 볼페는 옐름슬레우*[16] 로부터 개념과 주제들을 빌려 왔다. 이러한 부르주아 문화와 잠재적 관계를 맺는 양상은 정통 맑스주의의 전통에서는 낯선 것인데, 그것은 한때 맑스주의와

---

*15) 크로체(Benedetto Croce) : 이탈리아의 철학자. 이탈리아에 맑스주의를 도입한 안토니오 라브리올라(Antonio Labriola)의 제자로, 1895년에서 1900년 사이의 짧은 기간 동안 스스로 맑스주의자로 자처하였으나 곧바로 맑스주의를 폐기하였다. 그럼에도 불구하고 그는 파시즘 등장 이전의 젊은 좌파 지식인들에게 많은 영향을 끼쳤다. 초기 그람시도 그들 중 하나였다.

*16) 옐름슬레우(Hjelmslev) : 덴마크의 언어학자. 코펜하겐 학파의 창시자. 커뮤니케이션 기호의 일반 이론으로서 기호학(semiology)을 수립했다. 언어에서 내용과 표현, 실질과 형식을 구별하고 언어를 형식으로서 연구하고자 했다.

노동 운동이 취했던 관계를 탈바꿈시키는 기능을 한다. 이러한 맑스주의와 노동 운동 간의 관계 쇠퇴는 서구 맑스주의 전통 전체를 비관주의의 나락으로 빠져 들게 했다. 이 비관주의는 역사유물론의 주제에 대한 혁신을 가져오면서, 바로 그 혁신 속에서 자신을 드러냈다. 사르트르의 희소성의 논리, 마르쿠제의 사회적 일차원성에 관한 견해, 알튀세의 이데올로기적 환상의 영속성에 관한 주장, 벤야민의 과거 역사의 몰수에 대한 두려움, 또는 그람시의 가혹한 금욕주의조차 그러했다.

이와 동시에 서구 맑스주의의 새롭고 엄격한 모수(parameter) 내에서 이 전통의 찬란함과 풍부함은 어떤 기준에서 보아도 놀라운 것이었다. 맑스주의 철학은 과거의 중간적인 수준을 한참 뛰어넘어 정교화의 일반적인 고원(高原)에 도달했다. 뿐만 아니라, 서구 맑스주의의 주요한 대표자들은 **문화** 과정——상부구조의 더 높은 부류——에 대한 연구를 개척했는데, 그것은 마치 정치와 경제라는 상부구조와 토대를 무시한 데 대한 보상으로 자신을 치장하려는 것처럼 보였다. 무엇보다도 예술과 이데올로기는 많은 부분 이 전통의 특권적인 영역이었다. 사상가들마다 역사유물론은 이전까지 이 영역에서 한번도 전개된 적이 없었다는 상상과 확증을 가지고 이야기했다. 서구 맑스주의의 마지막에서 우리는 그것이 정말로 미학의 비대화를 가져왔다고 말할 수 있을 것이다. 이 현상은 살아 있는 사회주의적 정치의 쇠퇴 속에서, 다른 곳에서 억압되거나 거부되었던 모든 가치에게 부담이 지워진 때문이다. 미래에 대한 유토피아적인 이미지와 현재에 대한 윤리적 금언들은 루카치나 아도르노, 사르트르가 일생 동안 수행한 예술에 대한 과도한 숙고로 치환되고 응축되었다.

그러나 이러한 유의 이론가들에 의해 대표되는 이 전통은, 그것이 직접적인 정치적 실천으로부터 떨어져 있는 간격 때문에 드러내는 외적 한계야 어떠하든 간에, 기존 질서와 타협하려는 어떠한 유혹에도 넘어가지 않았다. 전체적으로 서구 맑스주의는 어떠한 개량주의적인 계약도 거부했다. 서구 맑스주의가 성장한 토양은 노동자 계급의 전위가 주요 국가에서 대중적 공산주의 정당에 충성을 다했다는 것이다. 이 정당들은 1920년대 후반까지는 자본의 비타협적인 적이었다. 그리고 이 정당들은 주요한 정치적 쟁점들에 대해 심각한 토론이나 이의 제기를 전혀 허용하지 않았고, 더 나아가 이론과 실천 사이의 어떠한 혁명적 순환도 금지하는 스탈린화한 구조를 가지고 있었다. 이러한 조건에서 서구 맑스주의의 몇몇 주요한 사상가들 —— 루카치, 알튀세, 델라 볼페 —— 은 가능한 한 〔당의〕 공식적 교의들과는 동떨어진, 암묵적으로는 그것들에 반대하는 담론을 발전시키면서도 형식적으로 당원으로 남아 있기를 선택했다. 다른 사람들 즉 사르트르와 같은 사람들은 당 외부에 위치하면서 당의 실천을 이론화하려고 했다. 또 다른 사람들 즉 전후 독일의 아도르노와 같은 사람들은 정치에 대한 어떤 직접적인 관계도 꺼렸다. 그러나 냉전의 가장 암울했던 기간 동안 이들 중 누구도 현 상태(status quo)에 굴복하거나 그것을 미화하지는 않았다.

이 길고 안타까운 전통은 70년대로 나아가는 전환기에 끝내 소진되어 버린다. 거기에는 두 가지 이유가 있다. 첫째는 서유럽에서(정말로 선진 자본주의 세계를 관통하는) 대중 반란의 부활이다. 1968년 학생 소요의 거대한 물결은 스파르타쿠스단 내지는 토리노의 평의회 운동 이래로 나타난 적이 없는 그런 종류의 새로운 정치적 폭동으로, 노동자 계급의 대규모 분견대가 들어서고 있음을 알리는 것이었다. 프랑스에서 5월의 폭발은 이들 중 가장 눈부신 것이었다. 뒤이어 1969년 이탈리아에서는 산업 투쟁의 물결이, 영국에서는 1974년 보수당 정부를 전복한 결정적인 광부 파업이, 그리고 몇 달 후에는 포르투갈에서 가장 고전적이고 전형적인 혁명적 상황으로 급속히 발전된 봉기가 있었다. 이 사례들 중 어느 것도 대중적 반란의 동력은 공산당이나 사회민주당 같은 기존의 좌파 정당으로부터 나온 것이 아니었다. 이 사례들이 예시하는 듯이 보이는 것은 사회주의 이론과 노동자 계급의 대중적 실천 간에 존재하는 반영구적인 분리인데, 이것은 서구 맑스주의에 불구자라는 낙인을 찍었다. 이와 동시에 1974년에는 오랫동안 계속되었던 전후 호황이 갑작스럽게 중단되고, 25년 만에 처음으로 선진 자본주의의 기본적인 사회 · 경제적 안정성이 의문시되었다. 그리하여 주 · 객관적인 상황은 또 다른 종류의 맑스주의가 등장하기 위한 길을 닦는 것처럼 보였다.

서구 맑스주의의 장래 형상에 대한 나 자신의 결론——이 결론은 또한 서구 맑스주의의 장점이기도 한데, 그것은 깊이 숙고된 낙관주의 정신을 체현하고 있다——은 네 가지였다. 첫째로 나는 중요한 순간에 서구 맑스주의의 생존 원로들이 어떤 진전된 작업들도 생산한 것 같지 않은 반면, 그들의 직계 제자들은 중국을 소련 대신에 혁명 이후의 사회 모델로 즉 서구에서 사회주의를 모색하는 데 하나의 모범으로 간주하여 그것에 대한 파멸적 집착을 보여 주고 있다고 생각했다. 둘째로 나는 선진 국가들에서 맑스주의 이론과 대중적 실천 간의 고리를 복원하는 것이야말로 레닌 또는 룩셈부르크의 세대에서 형성했던 역사유물론의 고전적 기준의 몇몇 조건들을 재창조할 수 있을 것이라고 암시했다. 내가 생각하기에 이러한 이론과 실천이 재통일되었더라면 두 가지 결과를 가져왔을 것이다. 이론과 실천의 재통일은 필연적으로 맑스주의 문화의 무게 중심 전체를 세계 경제의 운동과 자본주의 국가의 구조, 사회 계급들의 형성, 민족의 의미와 기능 등——이 모든 것들은 오랜 기간 동안 체계적으로 무시되어 왔다——에 의해 제기된 기본적인 문제들로 이동시켰을 것이다. 구체적인 것으로의 전환 즉 성숙한 맑스나 레닌에게 무엇보다도 중요했던 것으로의 재전환이 강요되는 것처럼 보였다. 이러한 변화는 다른 무엇보다도 그람시 사후 서구 맑스주의 전통에서 잃어버렸던 영역 즉 혁명적 운동이 부르주아 민주주의 국가의 장벽을 깨부수고 뛰어넘어 진정한 사회주의적 민주주의로 나아가기 위한 경로에 관한 전략적 토론을 반드시 부활시켜 주었을 것이다. 한때 전략적 논쟁의 부활이 있었다. 근본적으로 주변화되었을지 모르지만, 고전 맑스주의의 직접적인 연속선상에 서 있고 스탈린주의에 대한 적대적——트로츠키로부터 내려오는——전통은, 패배한 과거에 대한 옹호가 종종 그 자신을 동결하는 경향이 있는 보수주의*17) 로부터 해방되어 새로운 적합성과 생명력을 획득하는 경향이 있는 것 같다고 나는 생각했다.

셋째로 나는 맑스주의 문화의 좀더 고전적인 경향을 부활시키는 것이 영미 제국주의의 요새에 맑스주의 문화를 실제로 확산할 것이라고 예측했다. 이곳은 '서구' 맑스주의 시대에도 성공적으로 역사유물론에 저항해 왔다. 결국 영국과 미국——가장 오래되고 가장 강력

---

*17) 문맥상 '보수주의'는 스탈린주의를, '패배한 과거'는 일국사회주의론의 역사적 실패를 의미하는 것 같다.

한 자본주의 국가 —— 이야말로 사회주의 이론을 위한 가장 시험적인 문제들이 제기되어 온 곳이지만, 그 문제에 대한 답변을 찾지 못한 채 부득이 남아 있던 곳이다. 60년대 후반 대학가의 반란자들은, 그들의 한계야 어떠했든 간에, 각각의 사회가 과거에 알았던 것을 그 양과 질에서 능가할 수 있는 미래의 사회주의 지식인에 대한 희망을 갖고 있는 것처럼 보였다. 넷째이자 마지막으로 나는 역사유물론이 조금이라도 더 발전하기 위해서는 맑스와 엥겔스로부터 시작해서 레닌과 룩셈부르크, 트로츠키를 거치는 고전 사상가들의 유산을 그들에게서 특징적인 누락과 혼동을 규정하고 비판하고 해결하면서, 조용하고 확고하게 재검토해야 한다고 주장했다. 또한 나는 2차대전 이후의 맑스주의적 **역사 편찬**의 근본적인 성과들 —— 무엇보다도 영미 지역 —— 도 받아들여야 한다고 주장했다. 여태까지 이것들은 철학이라는 분과에 의해 지배되어 온 맑스주의 **이론**의 중심적인 시계(視界) 밖에 놓여 있었다. 이 둘〔철학과 역사 편찬〕을 대면시키고 통합하는 것은, **과거**의 규칙과 중요성 전체에 대한 고려를 아주 잘 조성된 사고 체계와 일상적인 수준, 현재 혹은 미래와 관련시키는 것이다. 그리고 이 둘의 만남 속에서 역사도 이론도 변화될 것이다.[9)]

이것들이 당시 나의 추측이었다. 이것들이 얼마나 실제 사건들의 경로와는 반대로 나아갔는가? 내가 보기에 가장 일반적인 추측은

---

9) *Considerations on Western Marxism*, 101~102, 95~101, 102~103, 119~112쪽을 보라.

옳았던 것 같다. 비록 우리가 보듯이 편안함이나 자기 만족의 근거를 주지 못하는 방식으로이긴 하지만 말이다. 위대한 서구 맑스주의의 전통은——그것의 인식론적이거나 미학적이고 침울하거나 난해한 색조들과 함께——실질적으로 종결되었고, 그 대신에 놀라운 민활함과 자신감을 가진 다른 종류의 맑스주의 문화가 등장했다. 이는 자신의 전임자〔서구 맑스주의〕에게서 결여되어 있던 경제적, 사회적 또는 정치적 질서에 관한 답변을 근본적으로 지향하였다. 이 맑스주의의 생산성은 엄청난 것이어서 우리는 전반적인 성장과 해방의 시기를 목격하고 있다는 것을 거의 의심치 않았다. 그러나 이 폭넓은 전망 내에서 역사는——여느 때와 마찬가지로——당시에 해 본 추측들에 대해 약간은 당황스러운 놀라움과 아이러니를 준비하고 있었다. 이 점을 좀더 자세히 보기로 하자.

서구 맑스주의 전통이 본질적으로 자신의 행로를 마감했다는 확신은, 내가 말했듯이 옳은 것으로 입증되었다. 그것은 예견하기에 특별히 어려운 일이 아니었다. 부분적으로 나이든 세대의 단순한 생물학적인 죽음이 제 역할을 수행했다는 것은 틀림없는 사실이다. 서구 맑스주의의 분수령이었던 1968년과 나의 글이 발표된 시기 사이에 델라 볼페, 아도르노, 골드만, 루카치, 호르크하이머가 죽었다. 60년대의 마지막 해까지는 블로흐, 마르쿠제, 사르트르가 그 뒤를 따랐다. 그러나 작업에 힘이 빠진 과정에는 다른 원인도 있었다. 내가 거론했던 이론가들 중에 가장 젊은 두 사람은 알튀세와 콜레티였는데, 이 두 사람은 요즈음에도 여전히 전성기를 구가하고 있다. 그러나 많은 것이 기대되었던 이 두 사람 모두 그 이후로 어떤 실질적인 성과도 생산하지 않고 반복이나 (자기) 부정으로 쇠퇴해 갔다. 대체로 본래적인 서구 맑스주의 경험의 경계선은 70년대 중반까지로 그어질 수 있다.

무엇이 그 뒤를 이었는가? 구체적인 것에 대한 갑작스런 열정과 새로운 욕구이다. 서구 맑스주의의 전통에서 거의 무시되었고 내가 1974년에 열거하며 강조했던 핵심 주제들을 검토해 본다면, 그 이후로 그것들은 대부분 집중된 이론적 작업을 낳았고 종종 놀라운 종합을 산출했다. 자본주의 생산 양식 전체의 운동 법칙—— 유사(類似) 케인즈적 작업틀을 가지고 있는 바란과 스위지의 『독점자본』을 제외한다면, 대공황의 전야에 대한 그로스만의 이론화 이래로 이에 대한 맑스주의적 연구는 거의 없다——은 이제 세 가지 결정적인 저작에 의해 탐구되었다. 첫째는 어네스트 만델의 선구적 저작인 『후기 자본주의』와 그 뒤를 이은 『두번째 불황』과 『자본주의 역사에서의 장기 파동』이다. 둘째는 20세기 노동 과정의 변형에 대한 해리 브레이버맨의 위대한 책인 『노동과 독점자본』이다. 셋째는 프랑스 경제학자 미셸 아글리에타(Michel Aglietta)의 야심적이고 독창적인 저작 『자본주의적 조절의 이론』이다.[10] 이러한 저작들과 함께 현대 자본주의에 관한 맑스주의적 토론이 다시 한번 확산되었고, 몇몇 중요한 측면에서 그 수준은 룩셈부르크와 힐퍼딩의 고전적 시대를 뛰어넘게 되었다. 구체적인 역사적 연구는 동시에 격렬한 개념적·방법론적 논쟁의 부활을 수반하였다. 이는 모리시마(Morishima), 스티드먼

10) Ernest Mandel, *Late Capitalism* (London, 1975. 『후기 자본주의』, 한마당), *The Second Slump* (London, 1978), *Long Waves in the History of Capitalism—— Marxist Interpretation* (Cambridge, 1978) / Harry Braverman, *Labor and Monopoly Capital* (New York, 1975. 『노동과 독점자본』, 까치) / Michel Aglietta, *A Theory of Capitalist Regulation : The US Experience* (London, 1979)

(Steedman), 뢰머(Roemer), 리피(Lippi), 크라우제(Krause) 등과 관련되어 있다.[11] 정치적 영역에서 근대 자본주의 국가의 독특한 구조는 서구 맑스주의가 밝히지 못한 커다란 맹점 가운데 하나였다. 그만큼 서구 맑스주의는 자신이 살아가고 있는 서구적 정치 체제들의 정확한 본성에 대해 무관심했던 것이다. 오늘날 이러한 무관심은 일련의 중요하고 집적된 연구들로 상당 정도 보충되었다. 이러한 연구들은 물론 니코스 풀란차스의 다섯 권의 책들을 포함하는데, 그것들은 의회제, 파시즘, 그리고 군사〔독재〕형의 자본주의 국가 전반을 탐구하고 있다. 영국에서는 랠프 밀리반드(Ralph Miliband)가 더욱 경험에 기초한 연구를 했다. 서독에는 자본논리학파의 논쟁과 클라우스 오페(Claus Offe)가 있었다. 그리고 스웨덴의 사회학자인 요란 투르비언(Göran Therbon)은 최근 중추적인 저서 『지배 계급은 무엇으로 통치하는가?』를 썼다.[12] 그와 동시에 후기 자본주의에 발

11) Michio Morishima, *Marx's Economics*, Cambridge, 1973 / Ian Steedman, *Marx after Sraffa*, London, 1977 / John Roemer, *A General Theory of Exploitation and Class*, Cambridge Mass, 1982 / Marco Lippi, *Value and Naturalism in Marx*, London, 1979 / Ulrich Krause, *Money and Abstract Labour*, London, 1982를 보라.

12) Nicos Poulantzas, *Political Power and Social Classes* (London, 1973. 『정치권력과 사회계급』, 풀빛), *Fascism and Dictatorship* (Lonon, 1974), *Classes and Contemporary Capitalism* (London, 1975), *The Crisis of the Dictatorships* (London, 1976), *State, Power, Socialism* (London, 1978) / Ralph Miliband, *The State in Capitalist Society* (London, 1969), *Marxism and Politics* (Oxford, 1977. 『마르크스주의 정치학 입문』, 풀빛), *Capitalist Democracy in Britain* (Oxford, 1982) / John Holloway and Sol Picciotto, eds. *State and Capital* (London, 1978. 『국가와 자본』, 청사) / Claus Offe, *Strukturprobleme des kapitalistischen Staates* (Frankfurt, 1975) / Göran Therbon, *What Does the Ruling Class Do When It Rules?* —— *State Apparatuses and State Power under Feudalism, Capitalism and Socialism* (London, 1978), 또한 뒤이은 그의 중요한 저작인 *The Ideology of Power and the Power of Ideology* (London, 1980)도 보라.

생한 새로운 형태의 사회 계층화 현상은, 역사유물론이 과거에 그리고 더 나아가 고전적 시대에 생산했던 그 어떤 것보다도 엄밀하고 풍부하며 상상력을 지닌 연구 대상이 되었다. 미국에서는 에릭 올린 라이트(Erik Olin Wright)의 저작이, 이탈리아에서는 카르체디(Carchedi), 프랑스에서는 로제 에스타블레(Roger Establet)와 크리스티앙 보들로(Christian Baudelot)의 연구가 이런 면에서 돋보인다.[13) 동구 탈자본주의 국가들의 본질과 동학(動學)은 유럽 좌파에게 오랫동안 조용한 연구조차도 금지된 영역이었는데, 이제 새로운 관심 분야가 되었다. 그것은 무엇보다도 루돌프 바로(Rudolf Bahro)의 걸출한 저서 『동유럽의 대안』에서, 누티(Nuti)와 브루스(Brus)와 같은 경제학자의 연구에서, 사회주의자들 내에서 더욱 전문적이고 학술적으로 연구되었다.[14) 경제학이나 정치학, 사회학에서 이루어진 이러한 맑스주의 이론의 팽창은 이에 상응하는 철학 또는 문화 영역 ── 서구 맑스주의의 주무대였던 것 ── 의 수축을 동반하지는 않았다. 반대로 최근 몇 년 사이에는 가장 넓은 의미에서 유물론적인 문화 연구라 할 수 있는 영국의 레이먼드 윌리엄스(Raimond Wiliams)의 축적된 작업들, 그리고 보다 특수한 문학의 영역에서는 미국의 프레드릭 제임슨(Fredric Jameson)의 작업들을 볼 수 있다. 철학에서

13) Erik Olin Wright, *Class, Crisis and State* (London, 1978) and *Class Structure and Income Determination* (New York, 1979) / Guglielmo Carchedi, *On the Economic Identification of Social Classes* (London, 1977) / Christian Baudelot and Roger Establet, *L'Ecole Capitaliste en France* (Paris, 1971) / (with Jacques Malemort), *La Petite Bourgeoisie en France* (Paris, 1974) / (with Jacques Toisier), *Qui Travaille pour Qui?* (Paris, 1979).

14) Rudolf Bahro, *The Alternative in Eastern Europe* (London, 1978) / Domenico Mario Nuti, "The Contradictions of Socialist Economics", *The Socialist Register*, 1979 / Wlodzimierz Brus, *Socialist Ownership and Political Systems* (London, 1975).

는 코헨(G. A. Cohen)의 『칼 맑스의 역사 이론—— 옹호』란 저작이 있는데, 이것은 역사유물론의 기본 개념들을 유지하기 위해 분석철학의 절차 기준을 최초로 도입한 책으로, 이 10년간의 명백한 이정표가 되었다.[15)]

물론 이런 유의 짧은 문헌 목록은 과거 몇 년 동안의 맑스주의적 산물에 대해 비판적인 것은 고사하고 포괄적인 목록도 되지 못한다. 이와 동등하게 언급될 수 있는 다른 이름들과 저작들도 있다. 그리고 그것들은 자신의 전임자들과 마찬가지로 스스로를 한계짓는 판단들에 종속되어 왔다. 그러나 이것보다 훨씬 더 세밀한 구분이 필요한 지적 변화의 복잡한 체계를 이렇게 급히 묘사하는 것은 특정한 점을 지적해 주고 있다. 서구 맑스주의와 내가 지금 개관한 출현중인 〔이론〕구성체 사이에 진정한 지형학적 '단절'이 있다고 말할 수 있음에도 불구하고, 다른 측면에서 〔이 둘 사이의〕 지속적인 연관성은 비록 간접적인 것이었다고 할지라도 내가 허용했던 것보다 아마 더 많았을 것이다. 따라서 고참 학파들의 영향은 많은 신참들의 배경에서 대부분 식별될 수 있다. 아마도 알뛰세주의적 조류가 가장 강력했을 것이다. 내가 조금 전에 언급한 풀란차스, 투르비언, 아글리에타, 라이트, 에스타블레 등은 모두 알뛰세주의에 서로 다른 빚을 지고 있다. 프랑크푸르트 학파의 유산은 바란을 거쳐 브레이버맨의 저작에서, 그리고 하버마스를 거쳐 오페의 저작에서 볼 수 있다.

15) Raymond Williams, *The Country and the City* (London, 1973), *Marxism and Literature* (Oxford, 1977. 『이념과 문학』, 문학과 지성사), *Politics and Letters* (London, 1979), *Problems in Materialism and Culture* (London, 1980), *Culture* (London, 1981) / Fredric Jameson, *The Political Unconscious* (Ithaca, 1981) / G. A. Cohen, *Karl Marx's Theory of History—— A Defence* (Oxford, 1978)를 보라.

루카치주의의 계보는 제임슨의 저작에서 공공연하게 지배적인 것으로 남아 있다. 카르체디의 저작은 델라 볼페주의가 압도적임을 드러낸다. 그러나 그와 동시에 이러한 저자들의 분포는 바로 지난 10년간 맑스주의 이론의 지리적인 양상이 심대하게 변했다는 더 중요한 사실을 암시한다. 오늘날 지적 생산의 **지배적인** 중심은 게르만 또는 라틴 유럽이라기보다는 영어권에 있는 것 같다. 사실 제1, 2차 대전 사이와 2차 대전 후의 지적 중심은 각각 게르만과 라틴 유럽이었다. 이러한 위치 이동은 인상적인 역사적 변화를 나타낸다. 그럴 수도 있으리라고 매우 강력하게 느끼긴 했지만, 자본주의 세계의 맑스주의 문화권에서 전통적으로 가장 후진적인 지역이 갑자기 여러 면에서 가장 앞선 지역으로 된 것이다.

저자들과 저작들에 대한 더욱 확장된 연구는 이러한 사실을 충분히 깨닫게 할 것이다. 영국 또는 북미에서 맑스주의적 좌파에 의한 경제학적, 정치학적, 사회학적, 문화적 연구는, 그 층이 두텁지 못하고 그들의 잡지와 토론도 발달하지 못했지만, 서구 맑스주의 전통의 본거지인 구대륙에서 수행된 어떤 연구들도 무색하게 한다. 물론 오늘날 역사유물론에서 영미 지역이 헤게모니를 잡은 데에는 좀더 심오한 이유가 있다——그것은 〔내가〕 70년대 중반에 했던 또 다른 예견 가운데 하나를 입증해 준다. 그 이유는 사회주의적 사상 전체의 전망 안에서 한참 뒤늦게 돌출한 맑스주의적 역사 편찬 때문이다. 이 영역에서 영어권 학자들의 지배는 50년대 이래로 명백한 것이었고, 최소한 영국에서는 수십 년 동안 지적인 힘으로서의 맑스주의는 역사가들의 작업과 실질적인 동의어로 쓰였다. 구세대 가운데 출중한 사상가이면서 〔역사와는〕 다른 영역에 속했던 경제학자 모리스 돕은, 맑스의 정치경제학 그 자체의 결과를 풍요롭게 하기보다는, 중세부터 현대의 주식회사까지 다룬 본질적으로 역사적 저작인 『자본주의 발전의 연구』(1974년)를 썼고, 이를 통해 가장 커다란 영향력을 행사했다. 그러나 그 이후에 찬란하고 저명한 일군의 학자들로 성장하여 영국과 유럽의 과거 역사에 대해서 통용되던 해석들을 변형한 사람은 돕의 젊은 동료들로서, 40년대 후반과 50년대 초의 맹아적인 공산당 역사학자 그룹에 모인 사람들이었다. 그들은 크리스토퍼 힐(Christopher Hill), 에릭 홉스봄(Eric Hobsbawm), 에드워드 톰슨(Edward Thompson), 조르주 루데(George Rudè), 로드니 힐턴(Rodney Hilton), 빅터 키어넌(Victor Kiernan), 조프레 드 생트 크루아(Geoffrey de Ste-Croix) 등이었다. 이들 중 대다수는 60년대로 접어들면서 글을 발표하기 시작했다. 그러나 이들의 집단 작업이 자신들의 형식적인 분과를 넘어서서 지배적인 무게를 가진 기준으로 공고화된 때는 70년대였다. 이 시기에 홉스봄의 『자본의 시대』가 출간되었고, 힐의 『거꾸로 선 세계』와 『밀턴과 영국 혁명』이, 힐턴의 『해방된 예속민들』과 『중세 후기의 영국 농민』이, 포스터의 『계급 투쟁과 산업 혁명』이, 톰슨의 『휘그 귀족과 밀렵꾼들』이, 키어넌의 『인류의 지배자들』이, 그리고 생트 크루아의 기념비적인 저작 『고대 그리스 세계의 계급 투쟁』이 뒤를 이었다.[16] 아마도 레이먼드

16) 이 저작들의 발표 연도는 다음과 같다. *The Age of Capital* (London, 1975. 『자본의 시대』, 한길사) / *The World Turned Upside Down* (London, 1975) / *Milton and the English Revolution* (London, 1977) / *Bond Men Made Free* (London, 1973) / *The English Peasantry in the Later Middle Ages* (Oxford, 1975) / *Class Struggle and the Industrial Revolution* (London, 1974) / *Whigs and Hunters* (London, 1975) / *Lords of Humankind* (London, 1972) / *The Class Struggle in the Ancient Greek World* (London, 1981).

윌리엄스의 매우 독창적이고 힘에 넘친 『농촌과 도시』도 마찬가지로 이것들과 근본적인 친화성을 가지고 있었을 것이다. 영국의 문화가 맑스주의적 동력의 고유한 계기를 완전히 결여하고 있는 것처럼 보였을 때에 성장한 우리 세대의 몇몇 사람들이, '민족적 허무주의'라는 부담을 무릅쓰고 〔영국을〕 항상 유럽의 느림보라고 비난해 왔던 것에 비추어 보면, 이는 진정 놀라운 변신이었다. 당시에는 영국과 유럽 대륙 간의 전통적인 관계가 실제로 뒤집혀 버린 것처럼 보였다—— 당시 대영제국의 맑스주의 문화는 유럽 본토의 어느 나라보다 생산적이고 독창적인 것으로 인식되었다.

그 동안 좀더 제한적이긴 하지만 유사한 변화가 북미에서도 일어났다. 여기서도 유진 제노비스(Eugen Genovese), 에릭 포너(Eric Foner), 데이비드 몽고메리(David Montgomery), 로버트 브레너(Robert Brenner), 데이비드 에이브러햄(David Abraham) 등 많은 사람들이 시작한 역사 편찬은——미국 역사 그 자체에 한정된 것이 아니라——극히 넓은 작업 범위를 갖는 주도적 분야였다.[17] 그러나 그것을 둘러싸고 더 폭넓은 사회주의 문화가 발전했는데, 이들 모두

---

17) Eugen Genovese, *Roll, Jordan, Roll– The World the Slaves Made* (New York, 1974), *From Rebellion to Revolution : Afro-American Slave Revolts in the Making of the Modern World* (New York, 1979) / Eric Foner, *Free Soil, Free Labor, Free Men* (New York, 1970) / *Tom Paine and Revolutionary America* (New York, 1976) / David Montgomery, *Beyond Equality : Labor and the Radical Republicans* (New York, 1967), *Workers' Control in America* (New York, 1979) / Robert Brenner, "Agrarian Class Structure and Economic Development in Pre-Industrial Europe", "The Agrarian Roots of European Capitalism *Past and Present*," No. 70, February 1976 and No. 97, November 1982 / David Abraham, *The Collapse of the Weimar Republic : Political Economy and Crisis* (Princeton, 1981).

가 맑스주의자는 아니었다. 이마누엘 월러슈타인(Immanuel Wallerstein)과 테다 스카치폴(Theda Skocpol)의 역사 사회학으로부터 제임스 오코너(James O'Connor)의 정치경제학, 폴 스위지와 해리 맥도프(Harry Magdoff)의 계속된 작업, 크리스토퍼 래슈(Christopher Lasch)의 문화 비평은 다양함과 생명력을 보여 주었다.[18] 오늘날 이러한 측면에서 나타나는 파노라마는 15년 전에 상상할 수 있었던 어떤 것들과도 근본적으로 구별된다. 맑스는 마침내 죽었고 단지 호기심 많은 학생들만이 '상아탑의 맑스주의'라는——이제는 웬만큼 무성해진——덤불 숲을 통과하기 위해 좌파에 관한 안내서를 낼 수 있을 뿐이라고 『타임』지가 선언한 지 단 4년이 지난 후에, 『비즈니스 위크』지는 최근 호 표제에 대한 부연 설명에서 역사유물론이 미국의 대학으로 광범위하게 침투하는 것을 통탄하였다.[19]

영어권에서 등장한 이런 역사적으로 집중된 맑스주의 문화는, 결국 자신의 고유한 영역 내로 한정되지는 않았다. 비록 기대와는 달리 폭력적이긴 했지만 내가 70년대 중반에 기대했던 역사 기술과 철학 간의 이론적인 접합은 정확하게 일어났다. 에드워드 톰슨이 루이 알뛰세와 벌인 길고 열정적인 논쟁인 『이론의 빈곤』은 지성사의——돌이킬 수 없는——한 페이지를 변화시켰다. 이 논쟁의 공로

---

18) Immanuel Wallerstein, *The Modern World System*, Vols. I and (New York, 1974 and 1980) / *Theda Skocpol, States and Social Revolutions* (Cambridge, 1979. 「국가와 사회혁명」, 까치) James O'Connor, *The Fiscal Crisis of the State* (New York, 1973) / Harry Magdoff and Paul Sweezy, *The Deeping Crisis of US Capitalism* (New York, 1981. 『미국 자본주의의 위기』, 일월서각) / Christopher Lasch, *The Culture of Narcissism* (New York, 1978).

19) Bertell Ollman and Edward Vernhoff, eds. *The Left Academy: Marxist Scholarship on American Campuses*, New York, 1982.

에 관한 우리의 견해가 어떤 것이든 간에, 그 이후로 맑스주의자들은 ── 오랫동안 〔이론과 역사〕 양측 모두 그러했던 것처럼 ── 자신들의 역사와 이론을 마치 분리된 두 개의 정신적 세계로 간주하고 이따금씩 부드러운 호기심을 가지고 둘 사이를 관광하듯이 행동하는 것은 불가능해졌다. 이제 이론은 과거에는 없었던 진지함과 엄격함을 지닌 역사가 되었다. 역사도 절박함에 부딪혀 이전에는 전형적으로 회피해 왔던 방식으로 똑같이 이론이 되었다. 더 나아가 알뛰세에 대한 톰슨의 공격은 심오하고 결정적인 장벽을 부수는 하나의 예가 되었다. 그 장벽은 항상 서구 맑스주의의 주요 학파나 논쟁들을, 서로에 대한 무시나 침묵을 보증하는 **민족적인** 맥락으로 한정시켰고, 어떤 진정한 국제주의적 담론〔의 형성〕에도 해악을 끼쳤다. 이 이중적인 소득 ── 역사와 이론 간의 새로운 교류 그리고 민족적 경계를 가로지르는 새로운 교류들 ── 은 지난 10년 동안의 가장 성과 있는 변화 중의 하나였다. 이것이 속단이 아님은 세계 자본주의 체계에 관한 이마누엘 월러슈타인의 저작을 놓고 벌어진 비슷한 유의 논쟁에서도 볼 수 있는데, 그 중 브레너는 월러슈타인의 저작을 본질적으로 이론적인 관점에서 엄밀하게 조사하였다. 그리고 이제는 자본주의로의 이행에 관한 브레너의 저작이 그 대상이 되었다 ── 그것은 제2차 대전 이래로 가장 광범위한 전문적 논쟁의 초점 가운데 하나가 되었고, 독일과 프랑스, 영국과 폴란드의 역사가들로부터 국제적인 응답을 받았다.[20] 이처럼 맑스주의 경제학에서 가치 이론에 대한

20) Robert Brenner, "The Origins of Capitalist Development : A Critique of Neo-Smithian Marxism", *New Left Review*, No. 104, July～August 1977, 그리고 the symposium on Brenner's work in *Past and Present* Nos. 78～80 and 85, February～August 1978

토론은 더 이상 민족적 경계, 심지어 일시적인 종류의 민족적 경계조차도 가지지 않게 되었다. 최근의 심포지엄들이 증명하듯이, 논쟁은 일본에서 벨기에로, 캐나다에서 이탈리아로, 영국에서 독일이나 미국으로 자유롭게 순환되고 있다.[21)]

여기까지는 내가 『서구 맑스주의 연구』에서 제시했던 희망과 가설들이 상당 부분 실현된 것 같다. 그러나 나는 자기 만족은 고사하고 어떤 만족감을 표시할 수도 없다. 왜냐하면 하나의 절대적이고 결정적인 측면에서 보인 최근 몇 해의 이론적 조류는 내가 상상했던 방향으로 나아가고 있지 않기 때문이다. 맑스주의 이론과 혁명 운동의 대중적 실천의 재통일은 물질화되는 데 분명히 실패하였다. 이 실패의 **지적인** 결과는 논리적으로 그리고 치명적으로 선진국들에서 좌파의 현실적인 **전략적** 사고의 일반적인 결핍——즉 자본주의적 민주주의를 뛰어넘어 사회주의적 민주주의로 이행하는 것에 대한 구체적인 또는 그럴듯한 전망을 어떤 식으로든 정교화하는 것의 결핍——이었다. 서구 맑스주의를 계승한 맑스주의가 자신의 전임자〔서구 맑스주의〕와 계속 공유하고 있는 것은 '이론의 빈곤'이라기보다는

---

and November 1979에 기고된 Michael Postan과 John Hatcher, Patricia Croot와 David Parker, Heidi Wunder, Emmanuel Leroy Ladurie, Guy Bois, J. P. Cooper와 Arnost Klima의 글. 이 글들과 이에 대한 브레너의 만만찮은 대답은 *The Brenner Debate——Agrarian Class Structure and Economic Development in Pre-Industrial Europe*, Cambridge, 1983(『농업 계급 구조와 경제 발전』, 집문당)에 수록되어 있다.

21) *The Value Controversy*, London, 1981에 실린 Ian Steedman, Paul Sweezy, Erik Olin Wright, Geoff Hodgson, Pradeep Bandyopadhyay, Makoto Itoh, Michel De Vroey, G. A. Cohen, Susan Himmelweit와 Simon Mohun, Anwar Shaikh의 기고문을 보라.

차라리 '전략의 빈곤'이다. 최근 몇 년에 걸쳐 일종의 개념적 공격, 즉 제1차 대전 이전에 룩셈부르크나 레닌, 트로츠키나 파르부스(Parvus)의 위대한 개입들에 나타나 있는 정치적 결의와 이론적 상상력의 결합을 희미하게라도 드러내 주는 어떤 단일한 저술 체계도 존재하지 않는다. 이 결손의 중심적인 결정 요소는 지난 10년간에 대한 승리감에 찬 어떠한 회고도 배제하며, 최근 몇 년간 발전해 온 더 넓은 사회적 조건들에 대한 질문을 맑스주의는 제기한다. 그러나 우리가 이 넓은 역사적 맥락을 살펴보기 이전에, 자신의 전략적인 결핍에 대한 궁극적인 관계가 여전히 확인되어야 할 것으로 남아 있는 현상들 —— 그러나 자신의 직접적인 현실이 70년대에 역사유물론의 르네상스를 부르짖던 어떠한 주장들에게나 가장 떠들썩한 모순인 것 같았던 현상들 —— 을 평가하는 것이 필요하다. 물론 나는 —— 그 중에서도 가장 큰 영향을 준 혹은 가장 관심이 끌리는 —— '맑스주의의 위기'라고 불리게 된 현상에 대해 언급하고 있다. 이 과정은 1977년에 미국과 유럽의 대중 매체의 표지를 의기양양하게 장식했는데, 『타임』지는 그 중 단지 하나에 불과했다. 그러나 이 현상의 규모와 속도가 충분히 극적이었음에도 불구하고, 맑스주의의 위기라는 용어 자체는 항상 오도된 것이었다. 실제의 논점은 지리적으로 라틴 유럽 —— 핵심적으로 프랑스, 이탈리아와 스페인 —— 에 한정된 특정한 맑스주의의 위기였다. 맑스주의가 그 영역 밖에서 폭넓은 전선에 걸쳐 새로운 입장들을 점령하거나 확고히 하던 바로 그 순간에, 70년대 후반 이들 나라의 문화적 · 정치적 영역에서는 정말로 맑스주의적 전통의 붕괴에 가까운 무언가가 있었다. 〔이 위기에〕 관련된 나라들뿐 아니라, 합리적인 사회주의적 문화 전체의 일반적인 신뢰성을 위해서도 이러한 패주(敗走)의 중대성을 평가절하하는 것은 어리석은 짓일 것이다.

이 라틴 맑스주의 위기의 특징적인 증후군은 무엇인가? 두 가지 주요한 양상이 구분될 수 있다. 한편으로는 프랑스와 이탈리아의 자본주의적 정치 환경에서 폭력적인 반공주의 열병이 재연되는 와중에, 좌파 사상가의 고참과 신참 세대는 돌발적이고 광범위하게 맑스주의를 전체적으로 폐기한 것이다. 이러한 측면에서 가장 볼 만한 역전(逆轉)을 이룬 사람은 아마도 루시오 콜레티일 것이다. 그는 한때 이탈리아 최고의 맑스주의 철학자였으나, 3~4년의 공백기 동안에 맑스주의의 날카로운 적 그리고 조금은 진부한 자유주의의 믿음직한 수호자가 되었다. 가장 최근에 쓴 그의 책에는 적절하게도 『이데올로기의 종언』[22]이라는 제목이 붙어 있는데, 이는 약 20년 전에 미국 사회학계에서 찬양 받은 저작*[18]을 무의식적으로 회고하고 있는 것이다. 프랑스에서는 사르트르가 만년에 자신의 고유한 궤도를 따라 공산주의에 대한 고발에서 맑스주의에 대한 형식적인 폐기로 나아갔는데, 그의 경우는 급진적인 신무정부주의(neo-anarchism)라고 이름 붙일 수 있다.[23] 그러나 명사(名士)들의 이러한 전향 또는

---

22) *Tramonto dell' Ideologia*, Rome, 1980.

*18) 다니엘 벨의 『이데올로기의 종언』을 가리킨다. Daniel Bell, *The End of Ideology*, Free Press, New York, 1965.

23) *Lotta Continua*, 15 September 1977 및 Le Nouvel Observateur, 10~30 March 1980(여기에는 '이제부터의 희망'이라는 제목이 달려 있다)에 실린 대담을 보라. 뒤의 것은 그가 죽기 직전에 출간되었는데, 시몬 드 보부아르(Simone de Beauvoir)의 고통스러운 기록에 따르면 그때는 그의 체력이 오랫동안 쇠잔해 있던 후이고, [따라서] 그 텍스트는 뒤틀린 거울이며 질문자의 교묘한 조작에 의한 작품이라는 것이다. 그녀는 당시에 이 점에 대해 사르트르를 비판했다고 한다. 이러한 배경은 그의

몰락은 고립된 사건이 아니었다. 그것은 한때 좌파와 연합했던 문학과 철학 서클들이 보여 준 훨씬 폭넓은 분위기의 변화에 상응하는 것이었다. 이러한 측면을 대표하는 것은 필리프 솔레(Philippe Sollers), 쥘리아 크리스테바(Julia Kristeva) 등 『텔 켈 *Tel Quel*』 그룹의 작가들과 비평가들인데, 이들은 유물론에 대한 대단한 확신과 중국의 사회 질서에 대한 맹목적 숭배에서 신비주의에 대한 재평가와 미국의 사회 질서에 대한 찬양으로 실로 하루아침에 전환하였다.[24] 1960년대 후반에 바리케이드의 반란자였고 루이 알튀세의 지적인 피보호자였던 앙드레 글룩스만(André Glucksmann)은 '신'철학의 주도적인 평론가가 되었다——이 신철학은 맑스주의를 전체주의와 등치하거나 사회주의를 스탈린주의로 규정하는 등, 50년대 냉전 이데올로기의 무기고에서 가장 낡은 주제들을 골라내어 되풀이했다.

같은 시기에, 70년대 후반 라틴 유럽의 정치적 기온 변화에 대한 두번째 유형의 대응이 있었다. 그것은 공공연하게 맑스주의를 거부하거나 포기하는 것이 아니라, 자본주의와의 혁명적 단절이라는 바로 그 관념에 대한 점증하는 회의주의에 빠져 맑스주의를 희석화하거나 축소하는 것이었다. 이 조류의 징후는 알튀세가 역사유물론의 정치적 유산에 대해 점점 거리를 두는 것에서 나타나는데, 이는 맑스주의가 국가 혹은 정치에 대해 어떠한 이론도 가져 본 적이 없다는 주장으로 표현된다. 이는 맑스주의의 과학적 우월성을 범주적인 것으로 단언하

만년의 방향 전환을 완화해 준다 할지라도 취소하는 것은 아니다. Simone De Beauvoir, *La Ceremonie des Adieux*, Paris, 1981, 149~152쪽을 보라.

24) 그 중에서도 특별히 미국에 대해 할애된 『텔 켈』의 특별호, Julia Kristeva, Marcelin Pleynet and Philippe Sollers, *Pourquoi les Etats-Unis?* No. 71~73, Autumn 1977을 보라.

고 그에 대해 동시대의 다른 어떤 이론가들보다도 강한 자부심을 갖고 있었던 알튀세가 근본적인 사기 저하를 겪었음을 보여 준다. 얼마 안 가 그는 '맑스주의의 일반적 위기'라는 관념을 선전하기 시작했다 —— 그는 그 위기를 해결하려는 긴급함을 거의 보여 주지 않았다.[25] 풀란차스는 한때 레닌주의적인 강직함을 나타낸 한 지주(支柱)였으나, 이제는 의회의 미덕과 이중 권력의 위험을 재발견한 인물로 변했다. 그는, 죽기 전에 남긴 마지막 대담에서 이런 것들조차 뛰어넘어, '정치'에 대한 신뢰감의 위기를 언급하고 있다.[26] 벨이나 콜레티가 이데올로기에 대해 선언했던 것처럼, 곧 '정치의 종언'[27]을 선언한 미셸 푸코(Michel Foucault)의 그림자는 분명히 이러한 파리 사람들의 의혹에 무겁게 드리워져 있었다. 이탈리아에서는 공산당 그 자체가 이와 유사한 조류들로 가득 차 있다. 당의 주도적인 젊은 철학자인 마시모 카치아리(Massimo Cacciari)는 의회석상에서 이탈리아 노동자들에게 니체가 맑스를 시대에 뒤떨어지게 만들었고, 권력 의지가 계급 투쟁보다 더 근본적인 것으로 판명되었다고 말했다. 한편 그의 동료들 가운데는 프리드만이나 벤담의 사상에 대해 공감 어린 관심을 보이는 경우가 가끔 눈에 띈다.

어떤 지적인 변화도 결코 보편적이지는 않았다. 적어도 매우 영예로운 하나의 예외가 최근 몇 년간의 전반적인 입장 변동에 대항하여 버티고 있다. 내가 논의했던 서구 맑스주의 전통에서 가장 나이

---

25) "The Crisis of Marxism", *Marxism Today*, July 1978을 보라(「마침내 맑스주의의 위기가!」, 「당내에 더 이상 지속되어선 안 될 것」, 새길).

26) 대담 "Le Risposte che è Difficile Trovare", *Rinascita*, 12 October 1979를 보라.

27) *Le Nouvel Observateur*, No. 644 12 March 1977에 수록된 「성의 역사」에 대한 베르나르 앙리 레비(Bernhard-Henri Lévy)와 푸코의 대담을 보라.

많은 생존자인 앙리 르페브르(Henri Lefebvre)는 팔십 평생 동안 굴종하거나 전향하지 않고, 많은 좌파들이 전형적으로 무시해 온 주제들에 대해 침착하고 독창적인 저작을 생산해 왔다.[28] 그러나 이러한 일관성의 대가는 상대적인 고립이었다. 이러한 지적 배경 전체를 고찰해 보니, 우리에게는 신비스러운 역설이 남겨져 있다. 즉 영어권에서 맑스주의가 비판 이론으로서 전례 없이 급상승하고 있을 때, 전후 기간 동안 맑스주의가 가장 막강했고 생산적이었던 라틴 사회들에서 맑스주의는 깎아지른 듯한 내리막길을 걷고 있었다는 것이다. 무엇보다도 50년대와 60년대에 역사유물론의 지도적인 두 나라였던 프랑스와 이탈리아에서, 선조들에 대한 대량 학살*[19]은 나와 같이 이들 문화로부터 맑스주의에 대해 많은 것을 배운 사람들에게 강한 인상을 심어 주었다. 그것의 의미는 무엇인가? 지난 10년간 맑스주의 이론의 〔라틴 유럽에서 영어권으로의〕 횡단 운동은 탐구되어야 할 것으로 남아 있다. 그것이 제기하는 문제가 내일 우리의 화제가 될 것이다.

---

28) 그의 저작들 가운데 특히 관심을 끄는 것은 도시 생활에 대한 것이다. *Le Droit à la Ville*, Paris, 1967; *La Production de l'Espace*, Paris, 1974.

*19) 기존의 맑스주의적 전통의 파괴를 의미한다.

2. 구조와 주체

어제 시도했던 맑스주의 이론의 현재 상태에 대한 거친 측량은 하나의 수수께끼로 끝을 맺었다. 그것은 맑스주의 이론이 다른 선진 자본주의 세계에서 새로운 지적 전망을 형성하고 있는 동안 프랑스와 이탈리아에서 돌연하게 맞게 된 활동적이고 생산적인 문화였던 역사유물론의—— 몇몇 측면에서는 붕괴에 가까울 정도의—— 침체이다. 오늘 나는 이 현대 맑스주의의 국제적인 지도(地圖) 속에서 라틴 맑스주의의 후퇴가 가지는 성격과 그 원인을 밝혀 줄 수 있는 몇몇 대안적인 가설들을 탐구해 보고자 한다. 나는 이 작업을 핵심적으로 프랑스 차원에 한정하여 수행할 것이다. 이것〔범위의 한정〕은 내 생각으로는 어떤 기본적인 제한도 두지 않는다. 왜냐하면 이탈리아의 ——더욱이 스페인의—— 문화는 전쟁 이래로 점차 파리로부터 도출된 방향들과 강조점들에 종속되어 왔기 때문이다. 비록 독일로부터 나온 다른 방향들과 강조점들에 의해 제한되고 중재되긴 했지만 말이다. 실제로 이 둘〔프랑스와 독일〕의 교차는 이탈리아 철학 논쟁의 많은 영역을 규정했다. 게다가 〔나치 독일로부터의〕 해방 이후 약 30년간 프랑스는 맑스주의 세계 일반에서 범세계적인 최정상의 지위를 누리게 되었고, 그것은 계몽주의 시대에 프랑스가 가졌던 패권에 버금갈 만한 어떤 것을 상기시킨다. 그러므로 이러한 지배가 70년대 후반에 와서 몰락하게 된 것은 단순히 민족적인 문제가 아니다. 우리는 이러한 몰락의 몇몇 징후들을 이미 말했다. 1976년 이래로 수많은 지도적 프랑스 좌파 사상가들의 실질적인 패주와 그 결과는 심각한 것이었다. 30년 전의 런던이 그러했던 것처럼, 오늘날 파리는 유럽의 지적 반동의 수도이다. 우리의 질문은 다음과 같다. 역사유물론의 이러한 국지적 패배의 역사적인 **원인들**은 무엇이었는가?

나는 이전에 맑스주의란 자기 자신의 발전에 대한 반성적 인식의 가능성을 제공하고자 하는 비판 이론으로서, 자신의 성공과 실패 혹은 난국에 대한 외적인 설명의 선차성을 원칙적으로 승인해야 한다고 주장했다. 그와 동시에 나는 이 선차성이, 이론을 궁극적인 책임에서 면제해 주는 유의 절대적이거나 배타적인 우위성이 결코 아님을 강조했다. 반대로 모든 합리적 지식의 특징을 이루는 진리의 추구에 의해 지배되는 연구 프로그램*1)으로서, 이론이 지닌 생명력을 측정할 수 있는, 이론의 **내적** 역사를 보완해야 할 필요성이야말로, 맑스

*1) 과학적 연구 프로그램의 방법론은 과학철학자인 라카토스(Imre Lakatos)에 의해 제시된 것이다. 그는 과학적 지식이 합리적으로 발전해 왔음을 주장하면서, 과학적 지식은 단일한 이론이 아닌 여러 이론들의 구조로서, 기본 전제가 되는 중심 핵과 그것을 지지해 주는 보조 가설들의 보호대로 구성된 연구 프로그램이라고 본다. 라카토스, 「반증과 과학적 연구 프로그램들의 방법론」, 『현대 과학철학 논쟁』(민음사)을 보라.

주의와 실용주의 또는 상대주의의 다양한 변종들 사이를 분리하는 것이다. 그러므로 갈리아*[2] 맑스주의의 사기 저하와 후퇴에 의해 제기된 문제를 고찰할 때, 나는 먼저 그것의 내적인 발전과 관련된 하나의 가설을 검토하는 데서 출발하려고 한다. 그 가설은 단지 이러한 것이다. 프랑스 맑스주의는 〔나치 독일로부터의〕 해방이라는 후광에 힘입어 오랫동안 경쟁 상대 없이 문화적 지배를 누린 뒤에, 마침내 자신과 전투를 수행하여 우위를 점할 수 있을 만한 지적인 맞수와 마주쳤다. 맑스주의에 대해 승리를 거둔 맞수는 광범위한 이론적 전선을 형성한 구조주의와 후기 구조주의라는 계승자였다. 그렇다면 라틴 맑스주의의 위기는 상황에 따른 쇠퇴가 아니라, 정면 대결에서 패배했기 때문에 비롯된 것이다. 이 패배의 증거는, 한때 맑스주의가 지배했던 모든 곳에서 구조주의 및 후기 구조주의적인 관념들과 주제들이 승리의 패권을 장악한 것——사실상 미셸 푸코가 이론화하고자 했던 유형의 '에피스테메적인'*[3] 변동——으로 드러났다.

이 그럴듯한 가설은 보다 깊은 고찰에 의해 강화된다. 하나의 인지적인 '층'에서 다른 것으로(푸코), 또는 하나의 '문제 설정'에서 그 다음 것으로(알튀세) 신비스럽고 갑작스러우며 전체적으로 변화한 것과는 달리, 전후 프랑스 문화가 맑스주의의 지배로부터 구조주의와 후기 구조주의의 지배로 넘어간 경로는 논점이나 질문들의 완전

*2) 로마제국 시대 프랑스의 옛 이름.

*3) 에피스테메(épistémè)란 "지식의 공간에 배치된 경험의 근본적인 존재 양식, 역사적 과정에 내재해 있는 구조의 필연적 체계, 혹은 일정한 시대의 특징적인 지식과 눈에 드러나는 역사의 줄거리를 가능케 하는 조건의 총체이다." 미셸 푸코, 이광래 옮김, 『말과 사물』, 민음사, 1986, 19쪽.

한 불연속〔단절〕을 수반하지는 않았다. 반대로 **모든** 경쟁자들이 그 주위를 맴돈 하나의 지배적인 문제가 있었다는 것은 명백하다. 그리고 이로 인해 마치 구조주의가 맑스주의에 대해 결정적으로 승리한 것은 **바로** 구조주의가 맑스주의 그 자체의 **지형에서도** —— 첫번째 심급에서 —— 우세한 것처럼 보이게 했다. 경쟁자들의 지배적인 문제는 무엇인가? 본질적으로 그것은 인간의 역사와 사회에서 구조와 주체 간의 관계가 가지는 본성이라는 문제이다. 이제 이 둘〔구조와 주체〕 각각의 지위와 위치라는 수수께끼는 맑스주의 이론에서 주변적이거나 국지적인 불확실성의 영역이 아니다. 실제로 그것은 인류 문명의 발전을 설명하고자 하는 역사유물론에서, 항상 가장 중심적이고 근본적인 문제들 중 하나를 구성해 왔다. 맑스 자신의 글에서도 역사적 변동의 원동력을 한편으로는 생산력과 생산관계 사이의 모순으로 보는 것 ——『정치경제학 비판을 위하여』의 유명한 1859년 '서문'을 생각해 보라 —— 과, 다른 한편으로는 계급 투쟁으로 보는 것 ——「공산당 선언」을 생각해 보라 —— 사이에서의 영원한 동요, 잠재적인 균열을 돌이켜 보면 이 문제는 즉각적으로 나타난다. 전자는 핵심적으로 구조적인, 또는 보다 적절하게 말한다면 구조 내적인 실재에 대해 언급하고 있다. 즉 현대 사회학에서는 체계 통합이라고 부른 (또는 맑스라면 잠재된 해체라고 부를) 질서를 말한다. 후자는 사회 형태와 역사적 과정을 주도하기 위해 상호 충돌하고 투쟁하는 주체 세력들에 대해 언급하고 있다. 즉 현대 사회학이 사회 통합이라고 부른 (맑스에게는 해체 또는 재통합이다) 영역을 말한다.*4) 어떻

*4) 체계 통합(system integration)과 사회 통합(social integration)이란 탈코트 파슨즈의

게 서로 다른 두 유형의 인과성 또는 설명 원리가 역사유물론이라는 이론 속에서 접합될 수 있는가?

이런 이유 때문에 고전 맑스주의는, 그 힘이 정상에 달했을 때조차도 〔이 문제에 대한〕 조리 있는 답변을 하지 못했다. 이 문제에 대한 답변을 끈덕지게 회피하거나 늦춤으로써 야기된 정치적인 이율배반들에 대해서는 광범위하고 열정적인 논쟁이 물론 있어 왔다. 그 한편에는 경제주의, 다른 편에는 주의주의(主意主義)가 있었다. 레닌이 전쟁〔제1차 대전〕 이전에 여기에 개입한 것도 맑스의 유산으로부터 연역해 낼 수 있는 이 두 가지 조류——그 정치적 표현은 제2인터내셔널에서 각각 우파와 극좌파를 구성한 개량주의적 조류와 무정부주의적 조류이다——와 투쟁하고 그 조류들을 통제하려는 끊임없는 노력으로 볼 수 있다. 그러나 이러한 개입은 이론적인 기초 없이 순수하게 실천적이고 정세적인 것으로 남아 있었다. 맑스주의 정치학과 마찬가지로 맑스주의 역사 기술에서도 동일한 미해결의 쟁점이 골치를 썩이고 있었다. 예컨대 에드워드 톰슨의 저작에 대한 현대의 광범위한 논의의 초점은, 계급의 형성 과정 또는 해체 과정에서, 그리고 산업자본주의건 또는 그것을 뛰어넘은 사회주의건 간에 사회 구조들의 출현이나 대체에서 인간의 대리 행위(human agency)*5)

구조기능주의 사회학 이론에서 나오는 개념으로, 뒤에 하버마스가 이를 차용하여 현대 사회에 대한 세 가지 유형의 위기 이론을 제시하는 데 사용한다.

"사회 통합은 사람들 사이의 사회적 관계를 나타내며 사람들이 서로에 대해, 또 자기 자신에 대해 갖고 있는 경험과 관련되어 있다. 체계 통합은 사람들이 관련되어 있는 제도들의 체계, 즉 사람들을 결합하고 서로에 대한 관계를 지시하는 조종 메커니즘을 나타낸다." I. Craib, 김동일 옮김, 『현대 사회 이론의 조명』, 문맥사, 1988, 296~297쪽.

가 가지는 역할이다. 또 다른 웅변적인 사례는, 근대 초기 유럽의 봉건주의에서 농업자본주의로의 시대적 이행이라는 동일한 역사 과정에 대해 로버트 브레너와 기 부아(Guy Bois)가 수행한 상반된 해석에서, 즉 두 가지의 맑스주의적 설명간의 차이에서 이 문제가 자리잡고 있다는 것이다. 후자〔기 부아〕는 핵심적으로 중세 농촌의 변화하는 계급 역관계를 배제하고 있고, 전자〔브레너〕는 봉건 경제에서 봉건 지대율의 하락이라는 불변의 논리를 배제하고 있다.[1)]

여기에서 우리의 목적과 관련되는 지점은, 역사유물론 내의 이러한 뿌리깊은 긴장——때로는 상해(傷害)이기도 한 긴장——이 전후 프랑스에서는 직접적으로 정치적이거나 역사 기술적인 형태를 취하지 않았다는 점이다. 그것은 차라리 **철학** 연구에서 중심적인 문제로 나타났다. 그 원인은 해방 이후 몇 년간의 전반적인 〔정치적〕 지형 때문이다. 좌파의 정치 무대는 노동자 계급의 〔다른〕 주요한 조직과의 경쟁이나 프랑스 부르주아지의 어떤 실질적 위협도 없는, 대중적이고 견고한 프랑스 공산당의 현존에 의해 지배되고 있었다. 그러나 동시에 당은 경직된 관료주의적 명령 체계였고, 자신의 전략에 대한 어떠한 이론적 논쟁이나 볼셰비키적 유형의 담론도 배제했다. 다른 한편 역사학 분야는, 당시 사회적 공감이라는 면에서 진보적이었으나 지적으로는 맑스주의와 매우 동떨어졌고 대리 행위의 문제에 대해서도 아주 무관심했던 아날(Annales) 학파의 지배하에

*5) 대리 행위(agency)란, 현실의 구체적 개인이 사회 구조(관계)의 담당자로서, 의식적으로든 무의식적으로든 그것의 구조적 법칙에 따라 행위하는 것을 의미한다.

1) *The Brenner Debate*에서의 의견 교환을 보라. 그리고 부아의 좀더 일반적인 입장을 보려면 *Crise du Feodalisme*, Paris, 1976을 보라.

곧 놓이게 되었다. 그리하여 대리 행위의 문제는 역사의 심오한 과정 또는 장기적 지속성을 추구하는 데서 단지 표피적인 사건으로만 규정되었다. 다른 한편 가장 영향력 있는 철학적 〔담론〕구성체는 코제브(Kojéve)와 후설, 하이데거에 기원을 둔 전전(戰前)에 발원했던 현상학과 실존주의였다. 이러한 것들은 강조된, 심지어는 분노에 찬 주체의 존재론이었다. 프랑스에서 격동하는 계급 투쟁의 시기에 그것들은 아직 좌파의 노선에 서 있었고, 자신들 앞에 있는 공산당이라는 구조적 실재와 타협을 모색하고 있었다. 그 결과는 맑스주의와 실존주의를 일정하게 종합하여 주체와 구조 간의 관계를 다시 사고하는 것으로서, 이는 사르트르와 메를로퐁티(Merlau-Ponty), 보부아르에 의해 40년대 후반에서 50년대 초에 걸쳐 수행되었다. 처음에는 공통적이었던 이 기획 속에서 그들을 갈라서게 만든 논쟁은 보기 드물게 수준 높고 격렬한 것이어서, 전후의 지성사 전체를 통틀어 가장 풍부한 일화를 낳았다. 이 논쟁들은, 기본적으로 그들의 정치적인 판단과 인식론적인 출발점의 차이에 의해 결정된 것임에도 불구하고 당시 프랑스 사회 과학의 지평을 반영하는 것이기도 했다. 메를로퐁티는 베버의 독자였고, 사르트르는 브로델의 독자였다. 논쟁이 절정에 다다른 것은 물론 1960년에 사르트르의 『변증법적 이성 비판』이 출간되었을 때였다. 이 저작은, 50년대 중반 그와 메를로퐁티가 나누었던 유명한 의견 교환에서 메를로퐁티가 그에게 가한 비판과 반대들에 대한 직접적인 응답으로서 처음에 계획되었다. 희소성에 의해서 해방되고 그것으로 충만한 역사 속에서, 실천과 과정 간의, 개인과 집단 간의, 집단과 실천적 무능력 간의 상호 설명이라는 미궁이 이 저작의 전적인 주제였다.

사르트르의 이 저작은, 1957년에 처음 출간된 「방법의 질문」이라는 짧은 논문과 함께 「실천적 통일의 이론」의 발단이 되었음을 상기해야 한다. 왜냐하면 그는 이 두 논문의 공통적인 목적을 '역사적 구조적 인류학'의 구성이라고 기술했음에도 불구하고, 이것들의 〔각각의〕 초점은 사실상 의미심장하게 달랐다. 「방법의 질문」은 본질적으로 개인적 삶의 총체적인 의미를 이해하기 위해 필요한 이론적 도구 즉 사르트르가 맑스주의, 정신분석학, 사회학적 개념을 단일한 설명적 방법으로 통합할 것을 제안하면서 '유일한 보편성'이라고 부른 것과 관련되어 있다. 그것은 전기(傳記)를 향해 나아간다. 다른 한편, 『비판』의 목적은 어떤 역사이든 그것의 '기본적인 형식적 구조'에 대한 철학적인 설명을 제공하는 것, 또는 모든 사회 집단들의 구성과 멸망의 일반적 메커니즘의 이론을 제공하는 것이다. 이 모든 '실천적 다양성과 그것들의 모든 투쟁'에 대한 '통시적인 총체화'[2]로서의 역사는, 예정된 제2권의 대상이 될 것이다. 바꿔 말하자면, 『비판』의 지평은 한 개인의 진리를 이해하려 하는 것이 아니라—— 사르트르가 말했듯이—— '인류 전체의 진리'를 이해하려는 시도였다(설사 그에게 있어서는 이 둘간에 기본적인 인식론적 연속성이 있었다고 할지라도). 그것은 현 시대의 의미를 총체적으로 파악하는 것이 자신의 공공연한 종착점인 전체 역사(global history)를 향해 나아간다. 아마 20세기의 어느 저자도 하지 못했을 이 커다란 약속은 지켜질 수 없었다. 사르트르는 1권의 분량에 맞먹을 만큼 2권을 써 놓았으나, 미완성이자 미출간인 상태로 버려 두었다. 이 의미심장한 단념

---

2) *Critique of Dialectical Reason*, London, 1976, 817, 822쪽.

과 그로부터 유래한 침묵 속에서, 이후 프랑스 좌파의 지적인 운명은 ── 우리가 지금 볼 수 있듯이 ── 결정되고 있었다. 12년 후에 사르트르는 플로베르에 관한 연구를 끝으로 자신의 경력을 마무리한다. 그 연구의 많은 부분에서는, 그가 「방법의 질문」에서 보여 준 전기적(傳記的)이고 미시적인 기획으로 겸손하게 회귀하는 것을 감출 수 없었으며, 심지어는 그것이 그 연구에 고유한 방식이라고 선전하기까지 했다.

그 사이에 이론적 경쟁의 지형 전체 ── 절벽과 급경사가 있는 고지(高地) ── 는 비워져 있었다. 왜냐하면 1962년에 레비스트로스가 『야만 정신』을 출간했기 때문이다. 이 책은 『변증법적 이성 비판』에 뒤이어 그 말의 모든 의미에 있어서 완전히 대안적인 인류학을 포함하고 있을 뿐 아니라, 모든 인간 정신의 불변하는 특성과 모든 인간 사회의 동등한 존엄성이라는 이름하에 사르트르의 역사주의에 직접적인 공격을 가하는 것으로 결론 맺고 있다. 따라서 『야만 정신』은 지워 버리는 듯한 몸짓으로 사르트르식으로 해석된 변증법적 이성 또는 역사적 통시성에 대한 요구 ── '야만' 정신에 대립되면서도 그에 대한 어떠한 본질적 우월성도 없는 '문명' 정신의 신화와 단순히 동일시된 관념 ── 들을 무너뜨린다. 이제까지는 매우 기민하고 풍부한 화자(話者)였으며, 지치지 않는 논쟁가였던 사르트르는 아무런 응답도 하지 않았다.

"인간 과학의 궁극적인 목표는 인간을 구성하는 것이 아니라 인간을 해체하는 것이다"[3] 라고 결론지으면서 레비스트로스는 그 10년간

---

3) *The Savage Mind*, London, 1966, 254~255, 247쪽.

〔1960년대〕의 슬로건을 제출했다. 맑스주의의 응답은 마침내 1965년에 이루어졌는데, 그것은 구조주의의 주장에 대한 거부가 아니라 승인이었다. 루이 알튀세의 두 책, 『맑스를 위하여』와 『자본론 읽기』는 레비스트로스의 역사에 대한 공격 혹은 인간주의에 대한 해석과 맞서 싸우는 것이 아니라, 그것들을 보증하고 나아가 그것들을 맑스주의와 융합해 맑스주의 그 자체를 이론적인 반인간주의로 재해석한다. 거기에서 통시성이란 공시적 지식 '형태들의 발전'에 불과하다. 알튀세는 이탈리아 공산당 주간지에서, 사르트르는 역사유물론의 잘못된 친구였고, 역사유물론을 표면적으로는 비판했던 레비스트로스보다도 역사유물론과는 사실상 더 멀리 떨어져 있었다고 털어놓았다.[4] 알튀세주의 체계의 새로움과 독창성은 마음대로 거부할 수는 없는 것이었다. 나는 다른 곳에서 이들〔알튀세주의자들〕의 유산을 방어한 바 있다.[5] 이들은 이전의 이론적 조류들——사르트르뿐만 아니라 르페브르, 골드만 등에 의해서도 대표되는 이론적 조류들——을 젊은 맑스주의자 세대로 사실상 완전히 대체하면서, 매우 급속하게 프랑스 좌파에 대해 커다란 권위와 영향력을 행사했다. 그러나 알튀세주의는 그 생산성이 최고조에 달했을 때조차, 자신에 선행하고 자신을 생존시키는 구조주의에 대해 항상 밀접하고도 치명적인 의존으로 구성되어 있었다. 레비스트로스는 주체를 과학적 지식의 어떤 영역에서도 내쫓아 버림으로써, 구조와 주체 간의 관계라는 고르디우

4) *Rinascita*, 25 January and 1 February 1964에 "Teoria e Metodo", "Gil Strumenti del Marxismo"라는 제목으로, 움베르토 에코(Umberto Eco)에 의해 현대 문화의 주류로 표현된 견해를 비판하는 그의 개입을 보라. 이 텍스트는 알튀세의 표준적인 저서 목록들에서 항상 간과되어 왔다.

5) *Argument within English Marxism*, London, 1980.

스의 매듭*[6]을 단호하게 잘라 내려고 했다. 알튀세는 이러한 움직임에 저항하기보다는, 〔오히려〕 주체는 이데올로기 구조가 갖는 환상적 효과를 제외하고는 모두 소멸된다는 〔구조주의적〕 맑스주의 판본으로 그것을 급진화했다. 그러나 이러한 종류의 객관주의적 경매(競賣)는 값이 비싸게 매겨지기 마련이다. 1년 뒤 이전에 그의 제자였던 푸코는 소리 높여 수사학적으로 '인간의 종언'을 선포하면서, 이제는 맑스주의 자체를 낡아빠진 빅토리아 시대 에피스테메의 무의식적인 효과이며 그것의 하나의 파생체에 불과한 것으로 격하했다.[6] 구조주의의 진전은 새로운 맑스주의적 독해에 의해 비껴 나가거나 정지한 것이 아니라——이러한 독해가 〔구조주의와는〕 거리가 있다는 단언에도 불구하고——가속화되었다.

그 결과로서 생긴 헤게모니 양상의 가장 뚜렷한 증거는 프랑스 5월 사태에 의해 제시되었다. 여기에서 하나의 입장으로서 구조주의가 자신이 회피하거나 거부하려고 애쓰던 역사적 동력에 의해 궤멸되었다고 생각하는 것은 있을 수 있는 일이다. 학생, 노동자 등이 일으킨 1968년의 반란보다 더 장관을 이루는 개인적 집단적 주체들의 침입을 상상할 수 있겠는가? 만일 5월 사태 이전의 어떤 지배적인 담론이 계급 투쟁의 이 현저한 정치적 폭발에 조응하여 그것을 이론화함으로써 살아 남을 수 있다면, 사람들은 그 후보자로 알튀세에 의해 발전된 맑스주의의 변종을 꼽았을지도 모른다. 왜냐하면

*6) 알렉산더 대왕이 전설에 나오는 매듭. 아무도 풀 수 없을 정도로 복잡하게 얽혀 있어서 이 매듭을 푸는 사람은 세계를 정복한다는 이야기가 전해 내려왔는데, 알렉산더가 이를 칼로 잘라 내어 풀었다고 한다.

6) *The Order of Things*, London, 1970, 261~262쪽.

변화에 다른 방식으로 적응하지는 못했다 할지라도 최소한 알튀세주의는 모순과 중층결정(over-determination)의 이론을 가지고 있었고, 이와 더불어 〔특히〕 프랑스에서 일어난 바와 같이, 계급으로 분할된 사회에서 혁명적 상황을 야기할 수 있다는 일종의 '단절적 통일'[7]이란 이론을 갖고 있었기 때문이다. 〔그러나〕 실제로는 정반대의 사태가 일어났다. 알튀세는 뒤늦게 '대중'의 역할이 차지할 공간을 허용함으로써 자신의 이론을 수정하려 했다. 그는 '사람들'은 아니라 할지라도 '대중이 역사를 만든다'고 했다.[8] 그러나 알튀세의 전체적인 연구 방향은 정정되지도 발전하지도 않았기 때문에, 『자본론 읽기』에서 출발한 구조적 인과성의 기제에 역사적 주체의 문제를 도입한 것은 단지 비일관성으로 귀결되었을 뿐이다. 그의 초기 저작에 견줄 만한 어떠한 새로운 종합도 나오지 않았다. 그 결과 하나의 조류로서 알튀세적 맑스주의는 70년대 중반까지 점진적으로 소멸, 해체되었다.

이와는 대조적으로, 구조주의는 모든 기대와는 달리 5월의 시련을 뚫고 나와 불사조처럼 재등장했다. 연대순을 의미하는 다의적(多義的)인 접두어 이상도 이하도 아닌 것*[7]에 의해 희석화되고 변조된 것은 사실이지만, 한때 구조주의가 있었던 곳에 이제는 후기 구조주의가 존재한다. 이 둘간의 정확한 관계 즉 빈약한 임시적인 표식〔'post-'라는 접두어〕을 가로질러 이 둘을 통일하는 가족 유사성*[8]

---

7) *For Marx*, London, 1969, 99~100쪽(『마르크스를 위하여』, 백의)를 보라.
8) *Lenin and Philosophy*, London, 1971, 21~22쪽(『레닌과 철학』, 백의).
*7) 후기 구조주의(post-structuralism)의 접두어 'post-'를 말한다.
*8) 가족 유사성(family resemblance)이란 분석철학자 비트겐슈타인의 개념으로, 언어의 놀이들간의 "서로 겹치고 교차되는 유사점들의 복잡한 그물" 관계를 의미한다(『비트겐

또는 공통의 계보는 수립되어야 할 과제로 남아 있다. 그것은 이 양자의 가장 현저한 특징으로 드러날 것이다. 그러나 이들간의 유대가 존재함을 의심한 사람은 거의 없다. 실제로 구조주의의 가장 중심적인 두 인물은 후기 구조주의에서도 탁월한 인물이었다. 라캉의 『기록』 —— 1966년에 대대적인 구조주의적 선전과 함께 집대성된 책 —— 은 1968년 이후 발전한 구조주의의 내적 비판을 많은 부분 이미 예견하고 있었다. 그리고 푸코는 항상 시대에 발맞춰 한 자리〔구조주의〕에서 다음 자리〔후기 구조주의〕로 아무런 문제나 소란 없이 이동하였다. 데리다는 좀더 순수한 후기 구조주의 사상가로서, 1967년에 출간된 그의 첫번째 3부작은 5월 사태 이후의 '결론의 반전'에 대한 일반적인 입장을 준비한 것이었다. 레비스트로스에 대해 까다로운 트집을 잡았음에도 불구하고, 데리다는, '모든 것은 구조, 배열, 관계로부터 시작하며' 동시에 '하나의 중심, 하나의 주체, 하나의 기원 또는 절대적인 **시원**(始原)에 대한 모든 언급을 기각하는 것'[9]에서 '담론의 새로운 지위'를 추구해야 한다는 레비스트로스에 대해 경의를 표해야만 했다.

70년대에 맑스주의는 파리 문화의 주변부로 내쫓겼다고 선언당하는 일이 어느 때보다도 빈번해졌다. 사르트르의 『플로베르』가 마침내 등장했을 때, 그것은 사실상 유고작(遺稿作)의 분위기를 풍겼다. 저자의 생존 여부와 관련해서가 아니라, 그것이 품고 있는 문화적

슈타인의 이해』, 서광사, 116쪽). 즉 언어의 놀이들간의 유사성을 가족 내 성원들의 신체와 행위상의 다양한 특성이 서로 닮은 것(똑같지는 않지만)에 비유해서 설명하는 것이다.

9) *Writing and Difference*, London, 1979, 286쪽.

주기의 생존 여부와 관련해서 그랬다. 알튀세의 저술은 짧은 단편들과 주석들로 점차 줄어들었다. 그 동안 구조주의와 그 자손은 높은 생산성을 지속했다. 『야만 정신』이 출간된 후 20년 만에, 신화에 대한 레비스트로스의 인류학적인 4부작이 있었고, 라캉의 정신분석학에 관한 논문들과 세미나들을 집대성한 것이 있었다(20권으로 간행될 예정이다). 〔역사적인〕 과정에 대한 주석들을 포함한 광기, 의학, 감금, 성(性)에 대한 미셸 푸코의 밀도 있는 연구가 있었다. 바르트(Barthes)의 문학에 대한 다방면의 작업과, 철학에서 데리다의 셀 수 없을 정도로 많은 해체들, 그리고 들뢰즈(Deleuze) 등의 저작은 여기에서 말할 것도 없다. 이렇게 결정적인 지적 승리의 표시가 외부로 드러난 적은 거의 없었다. 그러나 이 승리는 어디에 존재하는가, 즉 프랑스의 구조주의와 후기 구조주의가 자신의 부(富)를 이룩한 기반이자 맑스주의에 대한 자신의 우월성을 설명해 주는 문제——주체에 대한 구조의 관계라는 문제——에 어떤 방식으로 어느 정도만큼 나은 답변을 했는가라는 질문은 여전히 남아 있다. 여기에 대해서는 풍부한 저술들이 있으므로, 적합한 어조로 또는 자세하게 탐구하는 데는 의문의 여지가 있을 수 없다.

그러므로 나는, 구조주의와 후기 구조주의 이론이 공통의 영역 내에서 일련의 변위(變位) 또는 논리적 조작으로서 통일될 수 있는, 기본적인 공간의 한계를 설정하는 것에 논의를 한정할 것이다. 내가 언급했거나 앞으로 인용할 사상가들도 이러한 〔공통의 영역 내에서의〕 변위들 중 하나인데, 그것은 이들 중 어떤 두 사람 사이에서도 완전한 의견 일치란 없는 것과 마찬가지다. 그러나 이들의 모든 주요 테마와 주장들은 이러한 공유된 영역의 경계 내에 있었다.

그 첫번째 조작——나는 이것이 구조주의의 등장을 선도했기 때문에 첫번째라고 말한다——은 우리가 **언어의 과도화**(過度化) 라고 부를 수 있는 것과 관련된다. 구조주의가 이끌어 낸 모든 독특한 개념들의 기원이 된 분과는 실질적으로 언어학이었다. 드 소쉬르가 랑그(langue) 와 파롤(parole) 간의('언어'와 '말' 간의) 반정립, 공시적 질서와 통시적 질서 간의 대조, 언어는 본질적으로 자의적이거나 의도하지 않은 기표(signifier) 와 기의(signified) 의 통일로서 이루어진다는 기호의 개념을 발전시킨 것은 바로 언어학에서였다. 소쉬르의 『일반 언어학 강의』에 의해 드러난 과학적 진보는 그 영역에서는 결정적인 것이었다. 그의 개념을 언어학 분야 바깥으로 적용하는 일은, 야콥슨*9) 과 프라하 학파의 작업과 문학 연구에서 충분히 절제된 형태로 시작되었다. 여기에서 언어학적 재료들은 설사 개념 정의상의 문제라고 할지라도 여전히 문학의 특수한 작품들로 취급되었고, 그들은 소쉬르 자신이 유일하게 체계적 분석에 따라야만 한다고 생각한 랑그의 측면보다는 파롤의 측면에 집중했다. 소쉬르적인 도구는 야콥슨으로부터 레비스트로스로 넘어갔고, 운동으로서의 '구조주의'가 탄생한 것은 그가 인류학이라는 자신의 고유 영역에서 이 도구를 대담하게 일반화했기 때문이다. 그는 '친족 체계'를 트루베츠코이(Troubetzkoy) 와 야콥슨이 음운론을 위해 개척했던 분석 형태와 들어맞는 '일종의 언어'라고 선언했다. 이러한 규정을 발전시키면서, 그는 혼인 규칙과 친족 체계가 '개인과 집단 간의 특정한 의사소통

*9) 로만 야콥슨(Roman Jakobson) : 러시아 태생의 언어학자. 프라하 학파의 일원으로, 소쉬르의 공시언어학의 생각을 실현한 동시에 그의 통시언어학 개념을 크게 수정한 것으로 높이 평가받고 있다.

유형의 수립을 허용하는 과정으로서의 체계'를 형성하기 때문에 그러하다고 주장했다. "이 경우 매개 요인은 집단의 여자들인데, 이들은 그 집단의 말(words)을 대신하여 씨족, 혈족 또는 가족들 사이를 순환한다. …… 두 경우〔언어와 친족 체계〕 모두에 있어서 현상의 본질적인 양태가 동일하다는 사실은 전혀 변함이 없다."[10]

일단 이러한 동일화가 이루어지면, 레비스트로스처럼 그것을 사회의 모든 주요 구조로 확장하는 데는 그리 오래 걸리지 않는다. 이제 경제가, 친족 체계의 망 속에서 여성의 교환과 말(words)의 교환에 비유될 수 있는, 하나의 상징적 체계를 형성하는 재화의 교환이라는 제목하에 추가된다. 그 다음으로 언어학적 모델을 확장한 주요한 시도는 물론 라캉의 정신분석학 이론에 대한 재정식화이다. 그는 "무의식은 언어처럼 구조화되어 있다"[11]고 선언한다. 정신분석학에서의 이러한 응용은 사실상 이 유명한 언명이 내포하는 것보다 더욱 급진적이다. 왜냐하면 라캉 저작의 실제적인 부담은, 무의식이 언어와 '비슷하게' 구조화되어 있다는 것이 아니라, 마치 능가할 수 없고 화해할 수 없는 〔대문자의〕 타자(他者)를 설정하고 그럼으로써 기표들의 사슬을 통해 욕망과 그에 대한 억압을 행하는 상징적 질서처럼, 무의식의 소외된 영역을 형성하는 것이 바로 언어라는 것이기 때문이다. 이러한 언어 지배권의 근본적인 확장 이후 필연적으로 일군의 더 작은 모험들과 부가물들이 뒤따랐다. 의복, 자동차, 요리 등등의 패션이나 소비의 항목들이 구조주의 언어학으로부터 도출된 기호학적 정밀 검사를 부지런히 받게 되었다. 이러한 경로를 마지막으로 밟았

10) *Structural Anthropology*, London, 1964, 60쪽(『구조 인류학』, 종로서적).
11) 예를 들어 *The Four Fundamental Concepts of Psychoanalysis*, London, 1977, 20쪽.

던 데리다는 —— 후기 구조주의적인 단절을 나타내면서 —— 언어가 안정적인 대상화의 체계라는 통념을 거부하였지만, 언어가 근대 세계에서 **보편적인** 패권을 자임한다는 논리를 급진화하여, 진정한 제국(帝國)의 칙령으로 "텍스트의 외부에는 아무것도 없다", "텍스트 이전에는 아무것도 없으며, 이미 하나의 텍스트가 아닌 전(前)텍스트도 없다"[12]고 했다. 르네상스 시대의 소박한 은유였던 세계라는 책[*10]은, 모든 형이상학을 뒤흔들 철학의 마지막 낱말이 되었다.

역설적으로 지난 몇십 년간 지속적으로 진행된, 언어학에 의한 그릇된 유비(喩比)와 대입(代入)을 경고했던 사람은 바로 소쉬르 자신이었다. 그는 "만일 우리가 이러한 유비를 믿는다면, 언어는 글쓰기를 제외한 다른 모든 인간의 제도들이 그 본질과 관련하여 우리를 단지 속일 수 있을 뿐인, 그러한 종류의 인간의 제도이다"라고 썼다.[13] 실제로 그는 친족 관계와 경제 —— 레비스트로스가 그것들의 언어에 대한 유사성으로 인해 일반 이론으로서의 구조주의를 출발시킨 바로 그 두 체계 —— 를 언어와 동일 단위로 계량할 수 없음(incommensurable)[*11]을 지적한다. 일부일처제나 일부다처제와 같은 가족 제도는 기호학적 분석에 부적당한 대상인데, 왜냐하면

---

12) *On Grammatology*, Baltimore, 1976, 158쪽 / *Dissemination*, Chicago, 1981, 328쪽.

*10) 세계는 하나의 텍스트라는 관념.

13) "Notes Inédites de Ferdinand de Saussure", *Cahiers Ferdinand de Saussure*, No. 12, 1954, 60쪽. 소쉬르 사상의 기원과 긴장에 대한 가장 뛰어난 설명은 Sebastiano Timpanaro, *On Materialism*, London, 1976, 135~158쪽에서 이에 대해 논의하는 구절들, 그리고 이와 유사한 구절들이다.

*11) 수학 용어로서 원래는 통분이나 약분이 불가능함. 즉 동일한 척도로 잴 수 없다는 뜻. 과학철학에서는 경쟁하는 과학 이론들 혹은 패러다임들간에 논리적 우월성을 비교, 판정할 수 있는 공통의 합리적 기준이 존재하지 않음을 가리키는 말로 쓰인다.

그것은 기호와 같은 방식으로 고정되지 않기 때문이라고 그는 썼다. 경제 관계도 마찬가지로 그의 범주들에 따르지 않는데, 왜냐하면 경제적 가치는 '사물들과 그것들의 자연적 관계에 뿌리박혀 있기' 때문이다. "예를 들어 토지의 가치는 그것의 생산성과 관계가 있다."[14] 자신의 차용자들로부터 무시당했던 소쉬르의 모든 노력은 언어를 다른 사회적 실천이나 형태들로부터 분리하는 것, 〔즉〕 언어의 **독자성**을 강조하는 것이었다. "언어의 지반에 발을 딛고 있는 사람이라면 누구나 세상의 어떤 것에 대한 유비도 잃어버렸다고 말할 수 있음을 우리는 깊이 확신한다"[15]고 그는 선언한다. 사실 레비스트로스나 라캉에 의해 언어학적 범주를 인류학 또는 정신분석학으로 확장함으로써 급속하게 발전한 이 유비들은 아주 사소한 비판적 고찰에 의해서도 무너진다. 친족 관계는 레비스트로스가 말했던 것처럼 여자들과 말이 각각 '교환되는', 언어에 비유된 하나의 상징적 의사소통의 체계가 될 수 없다. 왜냐하면 어떤 화자도 말하는 상대방에 대해서 어휘를 소외시키는*[12] 것은 아니며 〔상대방도〕 그 이후에 원하는 만큼 모든 단어를 자유롭게 '주어진 것'으로 재사용할 수 있는 데 반해, 결혼은 ── 대화와는 달리 ── 통상적으로 제약이 따른다. 즉 아내들은 결혼 후 자기 아버지에게 되돌아갈 수 없다. 마찬가지로 '교환'이라는 용어가 경제라는 용어의 생략을 보증하지는 않는다. 만일 대부분의 사회에서 화자들과 가족들이 여자들과 말

---

14) Saussure, *Course in General Linguistics*, London, 1960, 73, 80쪽(『일반 언어학 강의』, 민음사).

15) "Notes Inédites de Ferdinand de Saussure", 64쪽.

*12) 상대방이 화자가 이미 말한 어휘를 사용하지 못하도록 하는 것.

간에 최소한 대략적인 등가성이 있다고 생각한다 해도, 주지하다시피 이것은 재화에 적용되지는 않는다. 바꿔 말하자면, 경제는 기본적으로 교환의 관점에서 정의될 수 없다. 생산과 소유가 항상 그것에 선행한다. 레비스트로스의 삼위일체 정식은 그 효과 면에서 우리의 자본주의 문명은 말할 것도 없고, 대부분의 원시적 경제 형태뿐 아니라 우리에게 알려져 있는 모든 가족 또는 성적 질서에 존재하는 권력과 착취, 불평등의 관계를 가리는 방향으로 작동한다. 이 가족 또는 성적 질서에서 결혼 관계는 소유 관계에 긴박당하고, 여성성(femininity)은 종속적인 것으로 묶인다. 라캉의 경우에도 이러한 유의 통상적인 고찰이 마찬가지로 잘 적용된다. 프로이트가 무의식을 정신분석학 연구의 대상으로 구성한 것은 무의식이 언어와 같이 구조화되어 있거나 또는 언어와 밀접한 연관이 있기 때문이 아니라, 바로 무의식이 후기 소쉬르주의적 언어학에서 언어의 심층 구조를 구성하는 발생 문법, 즉 문장을 형성하고 그 변형의 규칙을 올바르게 수행할 수 있는 능력〔과 같은 것〕을 가질 수 **없다**고 규정했기 때문이다. 부정(negation) 조차 없는 순진무구한 프로이트적 무의식은 모든 구문(構文)에 대해 낯선 것이다.

이러한 국지적인 반대들은 〔그것들이〕 문제 삼고 있는 분과들에서는 결정적인 것이었음에도 불구하고, 왜 언어가 다른 인간 실천에도 들어맞는 모델이 아닌가라는 일반적인 이유를 알려 주지는 못한다. 언어는 의식의 안팎에서 총체적이고 변증법적인 실재에 대한 필연적인 경험을 제공하고, 자신의 말이 결코 언어학적 법칙들의 의식적인 총체화가 될 수 없는 화자의 의식과 의지를 제공한다[16]는 레비스트로스의 논의를 상기해 본다면, 아마도 우리는 언어와는 다른 인간 실천들 사이의 거리를 아주 명백하게 볼 수 있을 것이다. 구조주의의 기본 가정은 항상 이러한 비대칭성이 사회와 역사에 대한 충분한 범례(凡例)가 되어 왔다는 것이다. 그러나 사실 랑그와 파롤 간의 관계는, 언어 외부 세계에서 구조와 주체의 상이한 입장을 구획하는 데에는 매우 어긋난 컴퍼스이다. 이것은 최소한 세 가지 기본적 이유에서 그러하다. 첫째, 언어적 구조들은 사회 제도들 중에서 역사적 운동과는 예외적일 정도로 낮은 상관 관계를 갖고 있다. 언어적 구조들은 매우 천천히, 그리고 아주 드문 최근의 예외들만 빼고는 무의식적으로 변화하는데, 이러한 측면에서 이것들은 변화 속도가——일단 계급 사회의 문턱에 이르면——일반적으로 비교할 수 없을 정도로 빨라지는 경제적, 정치적, 또는 종교적 구조들과는 상당히 다르다. 둘째, 그러나 이 특수한 구조를 가진 언어의 부동성(不動性)은 그 내부에 있는 주체의 예외적인 **창의력**을 수반한다. 랑그의 경직성 이면에는 파롤의 변덕스러운 자유가 있다. 왜냐하면 말에는 어떠한 **물질적** 제약도 없기 때문이다. 말은 이중의 의미에서 자유롭다. 그것은 생성되는 데 아무런 대가를 치르지 않으며, 의미의 법칙들 내에서 임의로 증식되거나 조작될 수 있다. 다른 모든 주요한 사회적 실천들은 자연적 **희소성**의 법칙에 종속된다. 다시 말해 사람들, 재화들, 권력들은 마음대로 그리고 무한하게 생성될 수는 없다. 그러나 바로 그 화자의 자유는 기묘하게도 하찮은 것이다. 그것이 구조에 반작용하는 효과는 정상적인 배경하에서는 사실상 없다. 심지어 가장 위대한 작가로서 그 천재성이 모든 문화에 영향을 미친다

16) *The Savage Mind*, 252쪽.

할지라도, 그가 언어를 전형적으로 변화시킨 성과는 상대적으로 미미하다. 이것은 즉시 언어에 있어서 구조 · 주체 관계의 세번째 특성을 지시한다. 화자는 명백히 **개인**이다. "모두 한꺼번에 말하지 말라"는 것은 대화의 관습적인 방식으로서, 여러 사람이 동시에 말하는 것은 들을 수 없기 때문에 형성된 것이 아니다. 이와 대조적으로 경제, 문화, 정치 또는 군사적 구조들의 영역과 관련된 주체는 무엇보다도 **집합적**이다. 민족들, 계급들, 신분들, 집단들, 세대들, 이것은 바로 **이러한** 주체들의 대리 행위가 이 구조들의 변형에 심대한 영향을 미칠 수 있기 때문이다. 이 근본적인 특징은 언어학적 모델을 보다 폭넓은 유의 역사적 과정들과 유비하는 모든 것에 대해 넘을 수 없는 장벽을 형성한다. 다른 말로 하자면, 구조주의의 첫 움직임은 어떤 신임장도 없는 언어의 사변적인 확장이었다.

이러한 언어의 절대화가 구조주의 **내**에 가져온 지적 결과들은 무엇인가? 가장 중요한 직접적 결과는 우리가 **진리의 희석화**라고 부를 수 있는 것——그리고 이것은 구조주의의 특징적 공간 내에서 이차적 양식의 작동이다——이다. 소쉬르는 기호 내에서 기표와 기의를 구분했다. 그는 그것들을 각각 '청각 이미지'와 '개념'으로 생각했다. 한편으로 그는 기호가 '이름 붙인' 어떤 지시체(referent)에 관해서도 그 기호가 가지고 있는 자의적 성격을 강조했다. 바꿔 말하자면 '개념'이 그것의 '소리'로부터 분리된다는 것이다. 다른 한편으로 그는 언어는 단순히 명명(命名)의 과정이 아니며, 각각의 기표는 오지 랑그의 구조 바꿔 말하자면 음운 체계 속에서 개념들의 뒤얽힘——내에서의 차별적 위치에 의해 기호적 가치를 얻는다는 것을 강조했다. 언어적 가치는 "이러한 두 축을 따라 동시에 결정된다"[17] 고 그는 썼다. "하나의 단어는 그와는 다른 어떤 것, 하나의 관념과 교환될 수 있다" 그리고 "그것은 동일한 본성을 가진 어떤 것, 다른 단어와 비교될 수 있다."[18] 그 결과는 기호에 대한 그의 복잡한 개념 속에서 기표와 기의 간의 불확실한 균형이다. 이 균형은 일단 언어가 언어적 의사소통의 영역 자체를 벗어나 어떤 목적에 부합하기 위한 모델로 취급될 때에는 파괴되기 마련이다. 왜냐하면 언어가 〔모든 영역에 적용될 수 있는〕 간편한 범례로 전환되는 조건은, 언어가 더 이상 언어 외적인 실재에 긴박되지 않고 자기 충족적 체계로 폐쇄되기 때문이다.

그렇다면 하나의 기획으로서 구조주의는 그 출발에서부터 소쉬르의 기호 이론에서 지시체의 축(referential axis)을 억압하게 된다. 그 결과는 단지 기표에 대한 점차적인 과대 망상일 뿐이다. 언어는 인간에 의해 이미 가능한 용법들이 넘쳐 있는 하나의 완전한 체계로서 발명되었다는 의심스러운 테제를 가지고 레비스트로스는 구조주의의 주장들을 확장하기 시작한다. "인간은 기원을 알 수 없는 주어져 있는 기의에, 할당하기 어려운 기표의 전체 재고(在庫)를 처분한다"[19] 고 그는 썼다. 그 결과는 영속적인 '기의에 대한 기표의 과잉'이다. 라캉이 기의를 파롤로서 말해진 사물들의 단순한 흐름으로 격하하면서, 기표들의 망을 단순히 그것들이 랑그 내에서 갖는 상이한 위치들과 동일시했을 때, 그에게는 다시 한번 그 다음 단계에 대한 책임이

17) *Cours de Linguistique Générale (Edition Critique)*, Vol. I, Rudolf Engler ed., Wiesbaden, 1968, 259쪽.

18) *Course in General Linguistics*, 115쪽.

19) "Introduction l'Oeuvre de Marcel Mauss" in M. Mauss ed., *Sociologie et Anthropologie*, Paris, 1950, 49쪽.

있었다. 레비스트로스가 안정된 기의 위를 '떠다니는 기표'에 암묵적으로 의존했던 대목에서, 라캉은 이제 '기의의 기표 아래로의 끊임없는 미끄러짐'[20]을 이야기하는데, 그 자체가 주체에 대한 은유로 간주된다. 그러므로 어떠한 안정된 의도적인 의미를 기호화하는 것은 실제로 불가능하다. 왜냐하면 기표 사슬의 관계 내적 동학(動學)은 무의식과 동일한 외연을 가지고, 기표들에 의해 재현되는 자아의 환상적인 정체성을 영속적으로 벗겨 내기 때문이다. 그 후로 데리다에게는, 오직 기의의 잔존하는 자율성을 전부 기각함으로써 기표와 기의의 통일로서의 기호라는 관념 그 자체를 거부하는 것만이 남아 있었을 뿐이다. 이제 언어는 '모든 기의가 기표의 위치에 있는'[21] 과정이 된다. 즉 그것은 어떤 언어 외적인 지시체들과도 결정 관계가 존재하지 않는 순수하고 단순하며 떠다니는 기표의 체계이다.

언어가 그 자신의 내부에〔만〕 준거를 두는 이러한 모순의 필연적인 결과는, 명제의 실재에 조응한 진리의 가능성을 절단하는 것이었다. 가장 단호하게 〔이에〕 뒤따르는 논리를 채택한 것은 바로 데리다와 푸코이다. 그렇게 하면서 이들은 소쉬르를 넘어서, 진리와 의미의 고정성이라는 환상을 무자비하게 폐기하는 후기 니체의 철학적 유산에 도달할 수 있었다. 데리다에게 있어서는 어떠한 진리 개념도 강제적인 현존(現存)의 형이상학*[13]과 동등한 것이었다. 니체는 "세

20) *Ecrits*, London, 1977, 154쪽.

21) *Positions*, Chicago, 1981, 20쪽. (『입장들』, 솔출판사)

*13) 현존해야 할 어떤 실체를 선험적으로 상정하는 것이 '현존의 형이상학'이다. 기존의 모든 철학적 사유(특히 실증주의나 현상학)의 기반이 되는 현존이라는 직접적으로 확실한 영역을 가정하는 것은 바로 이 현존의 형이상학에 빠져 있는 것으로 데리다는 보고 있다.

계의 놀이(play)와 생성의 결백함에 대한 기쁨에 찬 확증…… [거기에는] 오류도, 진리도, 기원도 없다"[22]고 하면서 이 현존의 형이상학을 깨뜨렸다. 푸코에게 있어서는, 투명한 인식으로부터의 해방보다는 진실한 것의 독재 그 자체에 더 강조가 두어졌다.*[14] 그는 "진리인 것과 오류인 것 사이의 구별을 제시하는 기본적이고 영속적으로 반복되는 반증"[23]을 통해 진리 의지가 지식을 생산한다고 주장한다. 구조주의 사상가들의 젊은 세대가 실천하지는 않았더라도 선언은 했던 것, 즉 톱니바퀴가 미끄러지고 제멋대로 돌아가 무지(無知)[의 상태]로 흘러가는 것은, 구조주의의 초기 세대 사상가들에게는 낯선 것이었다. 레비스트로스와 라캉 양자 모두는, 때에 따라 필요하다면, 각자의 분야를 수리화(數理化)하고자 함으로써 과학적 포부에 영향을 미치기도 했다. 그러나 좀더 자세히 고찰해 보면, 그것은 그들이 각자의 분야에 도입했던 자기 준거적인 언어의 순환 논리에서 예견할 수 있었던 그런 효과를 나타낸 것이다. 따라서 레비스트로스는 만일 자신의 신화에 대한 해석이 억지이거나 독단적이라도 "그것이 무슨 문제가 되는가?"라고 묻는데, 왜냐하면 그런 해석은 오직 신화로서만 읽힐 수 있기 때문이다. "이 책에서 남아메리카 인디언들의 사고 과정이 나의 사고를 매개로 해서 형상화되건, 또는 나의 사고가 그들의 사고 과정을 통해 발생하건, 그것은 궁극적으로 사소한 일이다."[24] 여기서 오류는 인간 정신의 자기 현시적 정체성(self-

22) *Writing and Difference*, 292쪽.

*14) '투명한 것에 대한 인식'이란 데리다가 비판하는 실재와 조응하는 진리 개념을 말하고, '진리적인 것의 독재'란 푸코가 말한 지식과 권력의 융합을 말한다.

23) *Language, Counter-Memory, Practice*, Ithaca, 1977, 203쪽. 여기에서도 마찬가지로 이러한 표현의 근원은 니체이다.

exhibiting identity) 속에서 애초에 배제된다. 레비스트로스는 같은 글에서 바그너*[15]를 '신화에 대한 구조적 분석의 진정한 창시자'로 일관되게 치켜 세우는데, 바그너는 음악이라는 뛰어난 매개——왜냐하면 음악은 원칙적으로 의미나 재현(再現)을 넘어서는 예술로서, 전체가 자신의 안에서〔만〕 존재하기 때문이다——를 통해 자신의 연구를 수행했다. 이러한 해결은 라캉과 유사한 것이었다. 그는 상징 세계를 넘어서는 현실 세계라는 개념의 흔적을 유지하지만, 그것은 기호화될 수 없는 '불가능한' 개념으로서이다——이 영역〔현실 세계〕은 '실재'가 단순하게 '이미 주어져 있다는 환상'과는 공통된 것이 없다고 그는 강조한다. 반대로 데리다는 진리라는 관념을 보존함으로써 라캉을 비난한다. 그러나 데리다에게 있어서 진리 개념은 지식을 얻는 것이라기보다는 주체가 욕망을 접합하는 것을 의미한다. 이러한 진리〔개념〕의 의미심장한 재규정은 결국 레비스트로스와 재결합한다. 왜냐하면 무엇을 말하든 간에 '진실하게'——즉 징후적으로——말할 수밖에 없는 정신분석학적 주체의 '말 전체(full word)'*[16]에 글자 그대로의 정확성은 적합하지 않기 때문이다.[25] 여기서 다시—

24) *The Raw and the Cooked*, London, 1969, 13, 15쪽.

*15) 리하르트 바그너(Richard Wagner) : 독일의 음악가. 니체에게도 커다란 영향을 주었다.

*16) 정신분석학적 주체의 '(진실한) 말 전체'란, 주체가 말을 할 때 항상 스스로 진리를 말한다고 생각하는 것, 즉 기표와 실재 세계의 실재적 범주가 일치한다고 상상하는 것을 가리킨다. 그러나 라캉에 따르면 기표와 실재적 범주들과는 아무런 관련이 없으며, 따라서 주체의 말에 '〔기표와 실재적 범주 간의〕 글자 그대로의 정확성'이란 존재할 수 없다.

25) *Ecrits*, Paris, 1966, 649, 409쪽 / *Television*, Paris, 1973의 첫번째 말을 읽어 보라. "나는 항상 진리를 말한다"(9쪽).

―푸코가 올바르게 보았듯이――비(非)진리 없이는 진리 그 자체도 더 이상 존재하지 않는다. 진리인 것과 오류인 것 간의 **구별**은 모든 합리적 지식의 뺄 수 없는 전제이다. 그것의 중심적 위치를 차지하는 것은 증거이다. 이 증거가 구조주의의 공간에서 일반적으로 멸시당한 것은 우연이 아니다. 레비스트로스의 잠깐 동안의 현지 조사와 〔그에 따른〕 친족 체계의 허구적 지도(地圖), 라캉의 10분짜리 정신분석학 회의, 푸코의 광인선(狂人船)과 대감금*17)의 우화에 대한 경솔한 믿음[26], 이 모든 것은 〔저자의〕 개인적 한계나 관련 업무 종사자들의 〔기록상의〕 착오라기보다는, 진리와 오류를 넘어선 기호의 놀이에서는 정상적이고 자연스럽게 허가된 것이다.

자기 목적적인(autotelic) 언어라는 관념에 존재하는 재현에 대한 공격은, 구조주의의 공간에서 인과성이 차지하는 지위에 대한 예견을 가져온다. 이것과 관련하여 우리는 구조주의 내에서 서술될 수 있는 세번째의 주요한 움직임, 또는 **역사의 무질서화**라고 부를 수 있는 것에 도달한다. 일단 언어학적 모델이 인간 과학의 보편적 패러다임이 되면, 확인할 수 있는 원인이라는 관념은 치명적인 약화를 겪게 된다. 그 이유는 구조 언어학에서 랑그와 파롤 간의 관계가 품고

---

*17) 광인선(Ship of Fools, Narrenschiff) : 르네상스 시대에 떠돌아다니는 광인들을 싣고 이 도시 저 도시를 항해했다는 배. 미셸 푸코, 『광기의 역사』, 인간사랑, 제1장 '광인의 항해'를 보라. 또 대감금(the Great Confinement)에 관해서는 『감시와 처벌』, 강원대 출판부, 제4부 '감옥'을 보라.

26) 후자〔푸코의 경우〕를 위해서는 H. C. Erik Middelfort, "Madness and Civilization in Early Modern Europe : A Reappraisal of Michel Foucault in Barbara Malament", *After the Reformation : Essays in Honor of F. H. Hexter*, Philadelphia, 1980. 247~265쪽을 보라. 인습적인 측면들에 대한 저자〔푸코〕의 형식적인 집착에 더욱더 손상을 가하는 비판이다.

있는 본성에 있다. 체계로서 랑그의 우위성은 소쉬르 유산의 주춧돌이다. 파롤은 화자를 통해 랑그의 특정한 자원을 활동하게 하는 부수적인 것이다. 그러나 이러한 파롤에 대한 랑그의 선차성은 특수한 종류의 것이다. 그것은 무조건적인 동시에 비결정적인 것이다. 말하자면, 개인의 말하는 행위가 그 기능이란 측면에서 의사소통이 전부라면, 오직 특정한 언어 법칙들만을 실행할 수 있을 뿐이다. 그러나 이와 동시에 이 **법칙들**은 이 **행위**를 결코 설명할 수 없다. 구문(構文)의 일반 법칙들과 특정한 문장들을 말하는 것——그것의 형상이나 사례들은 문법, 어휘 또는 음운들의 합으로 환원될 수 없다——사이에는 건널 수 없는 강이 존재한다. 체계로서의 언어는 대화 **가능성**의 형식적 **조건**들을 제공하지만, 대화의 실제적인 **원인**들을 획득하게 해주지는 않는다. 소쉬르에게 있어서, 말해진 세계(spoken world)의 양상——파롤이라는 얼레를 풀어 나가는 것——은 필연적으로 언어 과학의 영역 바깥으로 모두 흘러 나가는 것이었다. 그것은 보다 일반적인 역사와 관련되고, 〔언어학과는〕 다른 연구 원리들을 필요로 한다. 그러나 후기 소쉬르주의적 구조주의에 의한 언어학적 모델의 유비는 전형적으로 두 가지 유형을 인식할 수 있다는 암묵적인 융합으로 나아갔다. 대화의 조건들이 마치 원인들인 '것처럼' 체계적으로 제시되었다. 이러한 경향의 혼동이 가장 확장된 두 예가 레비스트로스가 원시 사회의 신화학을 연구한 것과 푸코가 문명 사회에서 지식의 고고학을 건설하려 한 시도였다. 〔레비스트로스와 푸코〕 각각의 경우에서는 견실한 분석적 기제가 모아졌다. 그것들의 핵심적 목표는 문제가 되는 분야〔신화학과 지식의 고고학〕의 **정체성**——토템 또는 신화 구조의 불변적 기능, 에피스테메들의 통일성 또는 담론구성체*[18] 들의 엄격성——을 논증하는 것이었다. 그러나 이것들은 일단 구축되고 나면 종별적인 신화들 또는 언표(言表)들의 **다양성**에 대해 어떤 인식론적인 출구도 남겨 놓지 않는다. 뿐만 아니라 하나〔의 신화 구조 혹은 담론구성체〕에서 다른 하나로의 **발전**에 대해서는 더더욱 그러하다. 그 결과 구조주의적 분석은 진정한 설명 대신에 항상 분류에 기울고 마는 경향이 있다. 에드워드 세드(Edward Said)가 언급했듯이, '인접성'이 '인과성'을 가려 버린 것이다.[27] 이러한 두 가지 지적 조작〔분류와 인과 분석〕을 구별하는 데 실패한 것은 레비스트로스의 『야만 정신』에서의 이론화에 찍혀 있는 낙인 때문이다. 그것은 원시 사회의 '구체적 논리'——원시 사회에서 자연 세계의 분류학——와 문명 사회에서 수리화된 과학의 '추상적 논리' 사이에는 본질적으로 아무런 차이도 없다는 주장을 포함하고 있다.[28] 이 둘〔구체적 논리와 추상적 논리〕은 모두 동일한 인간 정신이 지닌 보편적 성향의 다른 표현들이라는 것이다. 레비스트로스가 자신의 기본적인 방법에 책임을 지는 과정에서, 현대 과학의 설명력은 토테미즘적 분류의 마법과 동등하게 된다. 구조주의의 저작에서 어떠한 설명도 찾을 수 없다는 이야기는 아니다. 그러나 설명이 있다 하더라도 그것은 이상할 정도로 주변적이거나 취약한 것이어서, 그것이 관통하고 있는 서술 내용 전체라는

---

*18) 담론구성체(discursive formation) : 어떠한 담론이 구성될 수 있도록 "일련의 언표들 사이에서 분산의 체계를 기술"하고, 대상, 언표 행위의 유형, 개념, 테마(전략) 적 선택 사이에 규칙성을 부여해 주는 규칙들의 묶음 혹은 장(場). 미셸 푸코, 『지식의 고고학』, 민음사, 58~69쪽.

27) *Beginnings*, Baltimore, 1978, 302쪽.

28) *The Savage Mind*, 269쪽.

짐을 지탱해 내거나 설명의 초점을 맞추지는 못했다. 레비스트로스의 아메리카 인디언 신화에 대한 숙고는 엄청나게 증가한 반면, 그것들을 종종 —— 상상적인 것의 영역에서, 자연과 문화라는 이중성에서 발생하는 현실적인 모순들을 감추거나 완화하는 단일한 기능으로 —— 환원하는 그의 빈약한 도식은 비중이나 독창성을 거의 갖지 못했다. 이와 비슷하게 19세기 감옥 체계에 관한 푸코의 후기 저작은, 감옥의 진정한 기능은 억압이 아니라 전 주민에 대한 보편적인 치안 통제를 정당화하는 범죄적인 하위 계급을 산출하는 것이라는 테제를 포함한다. 그것은 학교, 병원, 공장 또는 군대 등의 모든 것들이 동일한 조직 원리를 드러내는 '감금 연속체'인 현대의 사회 질서 속에서도 이루어진다. 〔이렇게〕 사람들을 통제하는 자는 익명으로 남는다.*[19] 여기에서 이 저작 전체를 지지하도록 만드는 것은 〔이 저작의〕 소박함이라기보다는 이러한 가설의 멜로드라마적인 성격 때문이다. 구조주의적 분석의 지형에서는 인과성이 승인되었을 때조차도 결코 설득력 있는 중심성을 획득하지는 못했다.

그렇다면 역사학에서는 무슨 일이 일어났는가? 최초의 총체적인 결정론은 역설적이게도 랑그와 파롤의 이원성을 흉내내어, 절대적이고 최종적인 우연성의 복권으로 끝나고 만다. 이러한 역설의 가장 두드러진 예는 데리다의 저작이다. 거기에서 그는 서구 철학의 전체 역사를, '현존'의 추구라는 널리 퍼져 있는 정체성에 의해 규정되는, 단일하고 동질적인 형이상학으로 융합한다. 다른 한편으로는 이러한 형이상학의 대변자들〔의 저작〕 내에서 개별적인 문장이나 문단은

*19) 『감시와 처벌』, 제4부 3장을 보라.

환원할 수 없는 **차연**(差延)*[20]의 이질성에 의해 쪼개어지고 침식된다. 따라서 글쓰기는 준엄한 동시에 무조건적이고, 그 일반적인 구조에서는 불가피하게 동일하며, 그것의 특정한 텍스트화에서는 설명할 수 없을 정도로 차이 나고 지연된다. 레비스트로스와 푸코의 사상에서도 동일한 이율배반이 정확하게 반복된다. 레비스트로스는 『꿀에서 재로』에서 어떠한 '역사에 대한 거부'도 부인하는 것으로 끝마친다. 그러나 그가 역사에 허용한 자리는 순전히 우연적인 것이었다. 그는 '구조적 분석'이 '환원할 수 없는 우연성에 속하는 것'을 역사에 양보하며, 구조적 분석은 '사건의 힘과 공백'에 경의를 표한다고 썼다.[29] 따라서 레비스트로스에 의하면 가장 심오한 **역사적** 변혁들 —— 신석기 혁명이나 산업 혁명 —— 은 다중적인 룰렛 게임이라는 관점에서 이론화될 수 있다. 여기에서 이러한 변동을 가능하게 하는 성공적인 패의 조합은 한 개인에 의해서라기보다는 몇 개의 룰렛 바퀴 주위에 있는 경쟁자들간의 충돌에 의해서 —— 즉 단일한 개인이 아니라 사회 집단들에 의해서 —— 수행된다.[30] 바꿔 말하자면 통시적 발전은 공시적인 조합의 우연한 산물로 환원된다. 푸코의 초기 저작에서 각각의 에피스테메는 동질적인 단일체로 취급되는데, 그 역시 연속되는 에피스테메들 사이의 급작스런 변동에 대해 설명할

---

*20) 차연(différance) : 프랑스어의 '다르다(différe)' 개념은 '차이 나다(differ)'와 '연기되다(delay)'라는 두 뜻을 동시에 품고 있는데, 차연이라는 개념은 이를 표현하기 위해 만들어졌다. 차연은 차이에 의해 의미를 결정하는 동시에, 그 의미를 가변화함으로써 '궁극적인 의미'나 '선험적인 기의'에 도달하는 것을 끊임없이 지연한다. 데리다, 「차연」, 『후기 구조주의 문학 이론』(민음사)을 보라.

29) *From Honey to Ashes*, London, 1973, 475쪽.

30) *Race and History*, Paris, 1952, 37~39쪽.

수는 없었다. 〔따라서〕 뒤에는 사건들의 지배자로서 **우연**의 역할에 대한 점증하는 찬양에 의존하게 된다. 그것은——그가 『말과 사물』에서 논하는 바——더 이상 원인과 결과라는 관점에서 제시된 것이 아니라, 계열적인 것(the serial)과 예측할 수 없는 것이란 관점에서 제시되었다. 실제로 푸코의 이후 저작은 이러한 방법론적 규칙들을 존재론——어떤 종류든 간에 모든 사회적 정신적 구조들에 걸쳐 고동치는 권력 의지——으로 전환했다. 푸코의 사상에서 이것들이 공통적으로 니체로부터 파생되었다는 것은, 우연과 권력 간의 연관을 지시한다. 권력이 일단 차라투스트라(Zarathustra) 유형의 새로운 제일원리로 실체화되면, 그것은 어떠한 역사적 결정〔성〕도 잃어버린다. 더 이상 권력의 특정한 담지자나 권력의 집행이 헌신해야 할 특정한 목표란 없다. 순수한 **의지**로서 권력의 집행은 권력의 자기만족이다. 그러나 그러한 의지는 모든 곳에 스며들어 있으므로 권력은 자신의 대립물을 산출해야만 한다. "권력이 있는 곳에 저항이 있다." 그러나 이 저항은 마찬가지로 대항 권력(counter-power)이다.[31] 후기 푸코에 의해 출현한 의지의 무한한 흐름 속에서, 사회적 관계들 또는 역사적 사건들을 인식할 수 있다는 필연성으로서의 인과성은 자취를 감추었다. 상호간의 투쟁은 무조건적이고, 그 결과는 오직 우연적일 뿐이다. 이러한 설명에서 권력은 사건의 공백**이다**. 권력 관계는——푸코가 말하듯이——역전될 수 있는 것인데, 그것은 데리다에게서 텍스트의 의미가 '결정될 수 없는' 것과 동일한

31) "저항 없는 권력 관계는 없다." 왜냐하면 '권력에 대한 저항'은 '권력과 동포적 관계(compatriot)'이기 때문이다. *Power/Knowledge*, Brighton, 1980, 142쪽. (『지식과 권력』, 나남)

뜻에서, 그리고 동일한 이론적 이유에서이다. 세드의 모순 어법(oxymoron)은 구조주의적 역사철학——'법칙화된 사고(事故)'——을 무엇이라고 불러야 합당한가를 요약한다.[32]

이제 왜 구조주의가 후기 구조주의를 발생시켰는가를 깨닫기가 용이해졌을 것이다. 전자에서 후자로의 이행을 이해하기 위해서 우리가 그 범위를 설정한 〔구조주의의〕 공간에서, 논리적으로 이용할 수 있는 마지막 움직임이 표출된다. 이것은 **구조들** 그 자체의 **전복**이라고 부를 수 있다. 왜 60년대 중반의 명백히 금욕적인 객관주의——우리는 이것을 『말과 사물』의 시기라고 말할 수 있다——가, 사람들과 사상들의 연속성에서 주요한 단절도 수행하지 않고 70년대 중반의 방탕한 주관주의——『반(反) 오이디푸스』*[21]의 시기——로 끝나 버렸는가? 그 답은 어떤 철저한 구조주의가 자신의 인지적인 출발점에 의해서 제기한 문제에 있다. 만일 구조들이 모든 주체들을 뛰어넘어 세계에서 자기 혼자 통용된다면, 구조들의 객관성을 보장하는 것은 무엇인가? 고도의 구조주의는 큰 소리로 인간의 종언을 선포했다. 푸코는 1966년에 다음과 같이 선언하면서 예언적인 음조를 특징적으로 띠었다. "인간은 언어적 존재로서 소멸해 가는 과정에 있으며, 언어는 우리의 지평에서 어느 때보다도 밝게 빛나고 있다."[33] 그러나 이러한 지평을 감지하는, 또는 가지고 있는 '우리'는 누구인가?

---

32) *Beginnings*, 311쪽, 또는 푸코가 칭송한 니체의 문구, "우연의 주사위통을 흔드는 필연성의 철의 손"——*Language, Counter-Memory*, Practice, 155쪽을 보라.

*21) 질 들뢰즈와 펠릭스 가타리(Felix Guatarri)의 저서. 인간을 '욕망하는 기계'로 파악하고, 구조나 사회로부터 해방된 상상적인 것으로의 복귀를 주장한다. 원제는 『반오이디푸스 : 자본주의와 정신 분열』이다.

33) *The Order of Things*, 386쪽.

이 대명사의 빈 곳에는 이러한 프로그램의 논리적 궁지(aporia)가 있다. 레비스트로스는 이것에 대해 가장 일관된 대답을 했다. 그는 '인간의 황혼'*22)을 발견함으로써 푸코를 흉내내고——심지어는 그것〔푸코의 논의〕을 전 우주적으로 증폭하면서——, 자연과 정신은 기본적으로 동일한 구조를 가지며, 그것들은 신화와 구조적 분석에 똑같이 반영된다고 말했다. 정신은 신화 속에서 자연을 반복하는데, 왜냐하면 정신은 그 자체로 자연이기 때문이다. 그리고 구조적 방법은 그 연구 대상인 신화의 작동을 반복한다. 또는 레비스트로스의 말에 따르면, "자기 자신이 하나의 부분을 이루고 있는 세계를 이용함으로써 정신은 신화를 발생시키는데, 신화는 이러한 정신을 표시한다."34) 그러므로 철학에 대한 폐기의 과잉 속에서 『신화학』에 재등장하는 것은, 고전적 관념론의 가장 낡아빠진 형상——주체와 객체의 동일시——이다.

물론 이 〔주객〕 동일성 역시 하나의 허구이다. 왜냐하면 레비스트로스는 자기 분야〔인류학〕의 출현을 설명할 수 없었기 때문이다. 원시 시대의 무의식적인 정신 구조가 어떻게 인류학자에 의해 의식적으로 발견되는가? 이 둘〔무의식적 정신 구조와 의식적인 발견〕 사이의 모순은, 이러한 것들이 독단적인 환상이 아닌 〔과학적〕 발견임을 보증해 주는 것이 무엇이냐라는 질문을 다시금 던지게 한다. 그의 4부작의 처음과 끝을 장식하는 음악에 대한 숭배 속에서 〔이 질문에

---

*22) '인간의 황혼(twilight of man)'은 북유럽 신화에 나오는 '신들의 황혼'에서 따온 표현인데, 신들의 황혼이란 말세에 신들과 거인들의 난투가 벌어져 세상이 멸망해 버리는 것을 뜻한다.

34) *The Raw and the Cooked*, 341쪽.

대한] 일체의 대답은 포기된다. 레비스트로스에게서 '인간 과학의 최대의 수수께끼'인 음악은 다른 모든 분야들에 대한 '진보의 열쇠'를 쥐고 있다. 여기에서 바그너적인 광적 환희는 단지 개인적 특성에 불과한 것이 아니다. 바그너를 신격화하고 음악을 언어의 아버지로 이론화한 『비극의 탄생』*[23]은, 모든 아폴로적 질서의 타자(他者, Other)인 디오니소스적 광란이라는 테마를 근거로 한 저작으로서, 이 테마는 항상 푸코의 저작 근저에 깔려 있었다. 마찬가지로 푸코에게 근대의 에피스테메 자체가 ―― "매우 튼튼하게 짜여지고, 매우 응집적이다"[35] ―― 폐쇄되어 있다고 했을 때, 지식의 성과들을 밝히거나 지식들간의 시대적인 차이들을 재구성하는 고고학자의 능력을 설명하는 데에는 어려움이 많다. 그렇다면 완전한 상대주의에 빠지는 길목을 가로막는 것은 무엇인가? 푸코 연구의 지속성은 사실 애초부터 서구적 이성의 모든 계승적 질서들 내부에서, 그것들을 전복하고자 하는 야생의 원초적 경험에 의존했다. 그러한 시각에서 보면, 서구적 이성의 공통적 본성은 억압적 구조임이 폭로된다는 것이다. 푸코는 그의 최초의 중요한 저작에서 "서구의 역사 전체에 걸쳐 **광기(狂氣)의 필요성**은 역사의 가능성과 연관되어 있다"고 썼다.[36] 순수한 이타성(異他性) ―― 합리적인 사회성의 담화가 그것[광기]을 입심 좋게 부정할 때, 침묵하고 있어야만 하는 소리 ―― 으로서의 광기는, 후기 푸코에 와서 억압이라는 개념 자체가 이성의 또 다른

*23) 니체의 저작.

35) *The Order of Things*, 384쪽. 여기에서 푸코는 근대의 에피스테메의 '논리'는 그 자신의 대체로 나아간다는 순진한 해결책을 택하는데, 이는 단순한 진화론이다.

36) *Folie et Déraison : Histoire de la Folie a l'Age Classique*, Paris, 1961, 6쪽(『광기의 역사』, 인간사랑). 강조는 인용자.

책략이라는 혐의를 받음에 따라서 후퇴하게 된다. 그러나 〔이성에 대한〕 원초적인 타자(他者)라는 암묵적인 원리는 새로운 외양을 띠면서 존속한다. 그의 가장 최근 저작에서 그것은 '육체와 육체적 쾌락'[37]의 순결함으로 나타난다. 이것들은 하나로 통일을 이루어, 단순히 사회적으로 조립되고 분할된 '성(性)'에 대립하여 〔'광기' 개념과〕 동일한 기능——이름 붙일 수 없는 고발——을 수행하게 된다.

레비스트로스가 음악에 의존한 것이나 푸코가 광기에 의존한 것에 잠재되어 있는 구조주의의 자기 부정은 데리다에게서 완성된다. 그는 사회적 실재들에 대한 탐구를 전혀 수행하지 않고도 별 양심의 가책을 느끼지 않은 채, 이들 둘〔레비스트로스와 푸코〕의 작업을 해체하면서 양자 모두——각각 루소적인 또는 전(前)소크라테스적인——'기원에 대한 향수'에 빠져 있다고 판결하고, 둘 중 누가 자신들의 고유한 전제에서 자신들의 담론의 타당성을 가정할 수 있는 권리를 가지고 있는가를 묻고 있다. 한편으로 그는 "만일 신화적인 것이 신화형태소적(mythomorphic)*[24]이라면, 신화에 관한 모든 담론들은 등가적인가?"라고 묻는다. 다른 한편으로 그는 "광기의 역사는 고전적 이성의 그물망 속에 사로잡혀 마비되어 버리기 이전에는 존재하고 숨쉬고 있었는데", 그렇다면 그것은 어떻게 "고전적 이성의 언어 내에 있으면서 광기를 사로잡는 역사적 도구로 쓰인 그 개념들을

37) *The History of Sexuality*, London, 1978, 157쪽(『성의 역사』, 나남).

*24) '신화'를 나타내는 접두어 'mytho-'와 형태소를 의미하는 'morphemic'의 합성어로 보인다. 원문에는 mythomorphic으로 되어 있으나, 이는 mythomorphemic의 오식인 듯하다.

사용해서" 표현될 수 있는가?[38] 라고 묻는다. 이전의 모든 지적 전통들의 공통적인 해악은 "구조에 중심을 부여하거나 구조를 현존의 한 지점, 또는 구조성을 탈피하게 되는 고정된 기원에 준거하여", '구조의 구조성'을 "중화하거나 감퇴시킨다"는 것이다.[39] 데리다가 첨예하게 목격한 것은 어떤 안정된 구조도 항상 그것에 전적으로 '종속되지' 않는 중심, 다른 말로 하자면 구조와 **구별되는** 하나의 **주체**를 요구한다는 가정이다. 그의 결정적인 수순(手順)은 이러한 자율성의 마지막 흔적을 일소해 버리는 것이었다. 그러나 그 결과 이제 완전히 순수한 구조라는 보다 높은 질서를 성취한 것이 아니라, 그 정반대가 되어 버렸다. 그것의 효과는 근본적으로 **파괴적인** 것이었다. 일단 구조가 어떤 주체로부터도 자유롭게 되고 전체가 다 구조들의 놀이(play)에 넘겨지게 되면, 구조는 자신을 구조로서 **규정**해 주는 것을 잃게 될 것이다. 즉 어떠한 조직적인 객관적 대립항들〔주체들〕도 없게 될 것이다. 데리다에게 있어서 구조성이란 그의 직접적인 선행자들에 대해 자신이 가지고 있는 특권을 나타내는 의례적인 몸짓에 불과했다. 구조성의 놀이에는 어떠한 종류의 한계도 없다. 그것은 '절대적인 우연', '기원의 비결정성', '흔적의 미성숙한 모험'이다.[40] 그에 따라서 구조는 그 대립물로 전복되며, 후기 구조주의 혹은 주체 없는 주관주의라 부를 수 있는 것이 탄생한다.

그것의 교훈은 구조와 주체가 이러한 의미에서 항상 범주적으로 상호 의존적이라는 것이다. 주체에 대한 대대적인 공격은 머지않아

38) *Writing and Difference*, 287, 34쪽.
39) *Writing and Difference*, 278~279쪽.
40) *Writing and Difference*, 292쪽.

구조도 멸망시키게 마련이다. 이러한 과정의 종착점은 최종적으로 오직 제멋대로 날뛰는 주관성이 될 뿐이다. 아도르노는 이러한 식의 발전을 미리 내다보고, 주체의 환상적인 힘을 완전히 거부하고자 하는 이론은, 주체의 힘을 과대 평가하는 이론들보다 더더욱 이러한 환상을 복권시키는 경향이 있다고 종종 언급하곤 했다.[41] 이러한 〔주체를 부정하는〕 운동에 누구보다도 강하게 저항한 구조주의 사상가는 라캉이었다. 그는 주체에 대한 확고한 신뢰로부터 출발했다. 이는 그의 분야가 주체라는 범주가 그렇듯 명시적으로 처분될 수 없는 정신분석학인 탓이기도 했고, 또 그의 중요한 철학적 구성이 니체나 하이데거적이라기보다는 헤겔적이었기 때문이다. 그러나 그의 주체 개념은 프로이트가 제시한 자아의 역할을 폐기하고 실재 원리를 철회했으며, ——비물질화된—— 이드(id)에게만 전권을 행사할 수 있는 권력을 부여하여, 그것을 〔후기 구조주의적인 주체 개념으로〕 대체하는 길을 닦았다. 들뢰즈와 가타리는 상상적인 것(the Imaginary)과 그 정신 분열적인 대상들이라는 이름하에 제거할 수 있는 억압인 상징 세계의 법칙을 제시함으로써, 주체 개념을 지워 버릴 수 있었다. 통일성 혹은 정체성을 잃어버린 『반오이디푸스』의 분해되고 욕망하는 기계는, 척도나 질서를 뛰어넘어 분쇄되어

41) "진리의 객관성은 정말로 주체를 요구한다. 일단 그것이 주체에서 분리되면, 그것은 철저히 주관성의 희생양이 되어 버린다" : *Against Epistemology*, Oxford, 1982, 72쪽. 본문의 요약은 길리언 로즈(Gillian Rose)의 적절한 정식이다 : *The Melancholy Science—— An Introduction to the Thought of Theodor W. Adorno*, London, 1978, 128쪽. 그러나, 이 둘〔구조와 주체〕의 변증법에 대한 성찰 속에서 아도르노가 "각자의 몫에 대한 질문은 보편적이고 불변적으로 해결될 수는 없다"고 주장한 것을 주목하라 : *Against Epistemology*, 156쪽.

버린 주체성으로 심리 구조를 전복한 최종적인 결말이 되었다.

만일 이것이 구조주의에서 후기 구조주의로 진행된 궤적의 근사적인 곡선이라면, 우리가 처음 던진 질문은 스스로 답을 한 것이다. 구조주의가 극복하고자 했던 맑스주의 이론 내의 해결되지 않은 난점들과 교착들은, 이러한 경쟁적인 〔구조주의의〕 공간 내에서 결코 세부적으로 논의되지 않았다. '모든 신화들의 열쇠'로서 언어 모델의 채택은 구조와 주체 간의 관계를 명시하거나 해독하기는커녕, 이들간의 **관계들**에 대한 이론에는 어떠한 진전도 없이 처음에는 수사학적인 절대주의에서 다음으로는 파편화된 물신주의로 나아갔다. 〔이들간의 관계를 밝혀 줄 수 있는〕 역사적으로 결정되고 부채꼴로 분화된 이론은, 오직 이들의 상호의존성에 대한 변증법적 고려 속에서만 발전될 수 있을 것이다.

3. 자연과 역사

내가 어제 논의했던 수수께끼는, 서구 세계의 다른 곳에서는 맑스주의 문화가 일반적으로 발전하던 때에 라틴 유럽에서 맑스주의가 쇠퇴한 이유는 무엇인가란 것이다. 처음에는 가장 매력적으로 보였던 가정 —— 보다 나은 대안, 즉 60년대 중반 이래로 파리에서 지배권을 획득했던 구조주의 문화에 의해서 라틴 맑스주의가 지적으로 패배했다는 것 —— 이 구조주의 공간 자체에 대한 보다 세심한 검토에 의해 의심스러운 것으로 판명되었다. 양자간의 공식적인 전장(戰場)이었던 구조와 주체의 관계라는 문제는, 자신감에 차 있는 역사유물론에 대해 실질적인 타격을 줄 만큼 충분히 깊이 있게 구조주의에 의해 영유되지는 않았다. 그 시대 사상들의 논리 속에서 이루어진 고유한 내적 설명은, 여기에서 더 이상 얻을 것이 없는 종말을 맞게 되어 우리로 하여금 정치와 사회 전반의 외적 역사를 돌이켜 보게 한다. 문제의 이러한 측면을 살펴보면, 그 시대의 논쟁적인 **분위기**에도 불구하고 두 적대자들 사이에 어떠한 직접적이고도 진정한 교전(交戰)이 거의 일어나지 않았다는 결론과 이를 확증하는 어떤 경향을 즉각 알아차릴 수 있다. 그것은 하나의 현상으로서 구조주의의 현저한 정치적 타율성이다. 60년대 초에서부터 80년대 초에 이르기까지 그 어느 시점에서도, 구조주의 혹은 그 계승자들은 자신들 고유의 독립된 사회적 관점을 옹호하지 않았다. 오히려 구조주의와 후기 구조주의를 눈에 띄게 만들었던 것은, 그것들이 지속적으로 취했던 정치적 함의가 특이하게 **불안정**했다는 점이다. 그것들의 이러한 외적인 역사는, 본질적으로 그 시대의 지배적인 유행과 풍조에 대한 수동적 적응을 나타냈다.

맑스주의가 프랑스에서 전후 패권을 누리던 시기에, 선도적인 구조주의 사상가들은 처음에는 대부분 맑스주의에 형식적인 경의를 표했다. 레비스트로스는, 자신의 연구가 '의심할 수 없는 토대의 우위성'에 대한 맑스주의적 설명을 보완하는 상부구조에 대한 연구라고 선언했다.[1] 푸코는 파블로프와 소련 정신의학을 우호적으로 평가하는 것으로부터 시작했다. 바르트가 언급한 두 명의 주요한 동시대인은 브레히트와 사르트르였다. 라캉과 가까웠던 공동 연구자 폰탈리스(Pontalis)는, 그가 프랑스 공산당과 친선 관계를 맺었던 시기에 『현대』의 일원이었다. 이러한 상황은 60년대 중반 드골주의가 확고히 공고화된 분위기 속에서 이미 변해 버렸다. 바르트의 온화한 패션의 기호학은 이제 그의 독설적인 『신화학』과는 동떨어진 외침이 되었다. 푸코의 정치적 신조는 기술주의적 기능주의로 전향하여,

1) *The Savage Mind*, 130쪽.

심지어 "사회가 가장 바람직하게 기능하는 것은 그 내적인 방식으로 규정될 수 있으며, 그것은 사물들이 그렇게 되어야 하는 것이 '누구에게' 더 이롭기 때문인가를 말할 수 없어도 가능하다"[2] 고까지 주장하게 되었다. 그리고 나서 5월 사태 이후에 구조주의가 흔들리면서 후기 구조주의로 나아간 것과 함께, 푸코는 프랑스 좌파 내에 지배적이었던 신무정부주의의 흐름에서 쉽게 자신을 발견하면서 들뢰즈 및 료타르와 함께 자유주의적 좌파의 주요 대변인이 되었고, 『텔 켈』에 있던 데리다의 동료들은 마오주의의 투사가 되었다. 오늘날 레비스트로스는 맑스주의를 동물의 왕국에 대한 전체주의적 위협으로까지 이야기하고 있다. 푸코는 수용소 군도를 다루고 있는 문학작품*[1]에 갈채를 보내고 있다. 『텔 켈』의 솔레와 크리스테바는 자본주의와 기독교의 미덕을 재발견했다. 이러한 입장들이 보수적이거나 공모적(collusive)이라 하더라도, 그것들은 현실적인 우세함이나 세력을 거의 갖고 있지 않다. 놀라운 것은 그들의 사악함이라기보다는 그들의 어리석음이다. 본질적으로 비정치적인 사고 속에서 정치 정세에 대해 숙고하는 것, 그것은 정세가 변하면 다시 변할 수 있는 것이다. 그것들은 지난 몇십 년 동안의 프랑스 역사에 관한 일반적인 것들을 말해 주지만, 구조주의 사상에 특유한 〔정치적 성향 같은〕 것에 대해서는 거의 말해 주는 것이 없다.

---

2) Paolo Caruso, *Conversazioi con Lévi-Strauss, Foucault, Lacan*, Milan, 1969, 126쪽에 있는 푸코의 선언을 보라. 인과성에 관한 특이할 정도로 단순 소박한 언급에 대해서는 105~106쪽에 주목하라. 푸코의 정치적 선언들에 대한 가장 훌륭한 논의는 피터 듀스의 수렴적 논문인 "The Nouvelle Philosophie and Foucault", *Economy and Society*, vol. 8, No. 2, May 1979, 125~176쪽을 보라.

*1) 러시아 망명 작가 솔제니친의 『수용소 군도』를 가리킨다.

이것은 우리가 라인강을 가로질러 살펴본다면 특히 분명하게 보일 것이다. 지난번에 변화하는 맑스주의의 지도에 대해 논하면서,*2) 나는 라틴이나 영어권 지역보다 더 큰 안정성을 획득했던 지역인 독일에 대해 언급하지 않았다. 역사유물론은 **연방공화국**〔구서독〕에서 늘 독특한 지위를 차지해 왔다. 한편으로 게르만계 맑스주의는, 독일인들 자신의 공헌뿐만 아니라, 중부와 동부 유럽의 독일어 문화가 영향력과 친화력을 가졌던 오스트리아, 스위스, 보헤미아, 헝가리, 폴란드 등 보다 광범한 영역에서의 기여도 있었기 때문에, 유럽에서 가장 오래되고 풍부한 전통을 지니고 있었다. 룩셈부르크, 카우츠키, 바우어, 루카치는 모두 이 경계 지역 출신이다. 프로이트의 발견들이 처음으로 광범위한 지적 충격을 주었던 곳 또한 이곳이다. 가장 크고 역동적이었던 공산당 및 서구에서 가장 강력한 노동 운동이 그 사회적 배경을 이룬, 찬란하고 기력에 넘치던 일반적 좌파 문화 속에서, 독일은 바이마르 공화국 시대에 이미 프랑크푸르트에 있는 사회조사연구소(the Institute for Social Research)*3)의 부상과 피스카토 브레히트 극장의 출현을 맞이했다. 망명과 전쟁 이후에 프랑크푸르트 학파의 대다수는 브레히트가 동독으로 돌아왔던 것처럼 서독으로 돌아올 수 있었으며, 유럽에 고유한 전전(戰前)의 주제들 및 논쟁들을 창조적으로 지속하면서 자신들의 작업을 발전시킬 수 있었다. 다른 한편, 연합국의 점령이 끝날 무렵에 서독의 공산주의는 분쇄되었고 노동 운동은 자본에 확고하게 종속되었다. 50년대 중반

---

*2) 이 책의 1, 2장을 보라.

*3) 프랑크푸르트 사회조사연구소(The Frankfurt Institute for Social Research)는 1923년에 설립되었으며, 프랑크푸르트 학파의 모태가 된 곳이다.

에 사회민주당은 맑스주의에 대한 그 어떠한 충성도 공식적으로 포기해 버렸으며, 공산당은 금지되었다. 숨막히는 굴종과 반동이라는 점에서, 독일에서 아데나워의 정치는 미국에서 아이젠하워의 정치와 경쟁을 벌였다.

다른 시대〔전쟁 이전 시대〕에 형성되었고 타국에서의 역경을 통해 단련된 프랑크푸르트 맑스주의는 전체적으로 독일의 새로운 〔전후〕 복구라는 '기적'에 굴하지 않았다. 그러나 이미 전쟁 전부터 상당했던 거리, 즉 프랑크푸르트 맑스주의가 직접적인 정치적 담론이나 직접적인 정치적 참여로부터 취했던 거리는 거의 절대적으로 되어 버렸다. 하지만 대학 내에서 그들의 영향력은, 매우 거대하고 점점 더 전투적으로 되어 가는 학생층의 출현을 뒷받침했다. 학생들이 1968년에 일으킨 반란은, 맑스주의가 사회주의 지식인들의 젊은 세대 다수에게 전파되었으며 새롭고 다양화되었다는 사실을 밝혀 주었다. 그때까지 호르크하이머는 스위스에 대한 맹목적인 사랑에 빠져 있었다. 자기 학생들의 반항에 심하게 충격받은 아도르노는 1년 후에 사망하였다. 전후(戰後)에 프랑크푸르트 전통을 〔대중을〕 결집하는 일에서 벗어나게 하는 것, 그리고 세력으로서의 학생 운동에 맞서게 하는 일이 〔이 전통의 또 하나의〕 주요한 사상가였던 하버마스에게 남겨진 것이었다. 자신과 자기 동료들에 대한 직접적인 공격으로 인해 상처받은 그는 SDS(Students for Democratic Society)를 강압적이고 비합리주의적이라고 고발하고 대학에서 물러났다. 이미 60년대에 많은 저작을 남긴 저사로서 그의 작업은 70년대까지 꾸준히 발전되고 확산되어, 동시대 독일 상황에서 가장 포괄적이고 야심에 찬 이론적 기획을 대표하게 되었다.

이러한 작업의 성과는, 『서구 맑스주의 연구』에서 하버마스에 대한 어떠한 언급도 없었다는 것이 사실 평가의 주요한 오류였다는 점을 명확하게 해준다. 이러한 누락의 이유는 두 가지였다. 하나는 60년대 말의 봉기에 대한 하버마스의 고유한 반응이었는데, 그는 그 봉기를 즉흥적인 공식화들로 표현하였다. 이는 그를 비중 있는 정치사상가로서는 부적격한 듯이 보이게 했다. 보다 중요한 두번째 이유는 그의 철학적 작업이 지닌 혼성적인(hybrid) 성격이었다. 그것은 헤겔——비록 예나 시절의 헤겔이지만——에 의해 그 어느 때보다 더 직접적으로 손질된 프랑크푸르트 학파의 전통에, 미국의 실용주의와 행위 이론을 포괄적으로 수입함으로써 나타났다. 그것은 맑스주의로 인정될 수 있는 전반적인 틀 내에 그를 포함하는 것조차 의심스럽게 만들었다.[3] 그가 그렇게 했던 동기가 그럴듯하지 않은 것은 아니었다. 최근의 흥미로운 대담에서, 하버마스 자신은 학생 운동에 대한 자신의 심리학적 논평을 무분별했던 것으로 취급하고 이를 철회하였다. 동시에 그 역시 자신의 작업이 맑스주의적인 것으로 간주되어야 하는가 아닌가를 아는 것이 얼마나 힘들었던가에 대해 언급하면서, 그렇게 만든 근거에 대해 암시했다(60년대 초 『공론의 구조 변화』의 출간과 더불어, 〔학생 운동에 대한〕 애초의 묘사가 〔이제는〕 자신에게 경악스러운 것이 되었다고 그는 상세히 설명했다). 자신의 지적 입장의 지속적인 애매함에 대해 자유롭게 논하면서

3) 이와 비슷한 유형의 또 다른 경우는 에른스트 블로흐의 사상에 의해 제시되었다. 그것이 나의 이 간략한 연구에서 빠진 이유는, 항상 종교적 자연철학의 형태들과 갖는 근접성 때문이다. 블로흐의 난해한 저작에 대한 훌륭한 연구로는, 서구 맑스주의의 기준에 대한 그의 독창적인 공헌을 애정어린 비판적 정신을 가지고 끌어내고 있는 Wayne Hudson, *The Marxist Philosophy of Ernst Bloch*, London, 1982를 보라.

도 오늘날 역사유물론과의 제휴에 대한 겸손하고 직접적인 바람을 표현하고 있는 그 대담은, 그 자체로 그의 진화에 대한 초기의 통념적인 평가를 폐기하기에 충분했다.[4] 사실 그러한 선언의 배후에는, 그가 초래한 프랑크푸르트 전통의 비판적 변형에 보조를 맞춰 역사유물론을 —— 하버마스의 용어대로 하자면 —— '재구성'하고자 하는 작업 구도가 있었다. 그 결과로서 이룩된 이론적 대건축물은 그 건축학적인 규모와 범위 —— 인식론적, 사회학적, 심리학적, 정치적, 문화적, 윤리적 연구를 단일한 연구 계획으로 종합하는 것 —— 에서 동시대 철학의 어떠한 사상도 필적할 수 없었다. 이러한 성과의 탁월함에 대한 적절한 인식이 하버마스의 작업에 대한 모든 평가에서 출발점이 되어야 한다. 그러나 그의 철학적 체계를 형성하기 위해 상호 연결되었던 사상들은 비교 측정기를 통해 위치지어질 필요가 있다.

우리가 하버마스 사상의 특징적인 좌표들을 살펴볼 때 그 어떤 주의 깊은 관찰자라도 놀랄 첫번째 사실은, 하버마스의 좌표들 대부분이 프랑스 구조주의의 좌표들과 매우 유사하다는 것이다. 그가 비록 매번 상이한 원천들로부터 상이한 결론들을 이끌어 내지만, 동일한 전제들과 동일한 선입견들이 그의 글에서 계속 반복해서 나타나고 있다. 맑스주의와 비맑스주의의 경계선상에 있었던 하버마스의 독특한 출발점은, 맑스가 유(類)적 존재로 인류를 정의할 때 물질적

4) "오늘날 나는 맑스주의자로 간주되는 것에 가치를 부여한다.": "Interview with Jürgen Habermas", *New German Critique*, No. 18, Fall 1979, 33쪽. 하버마스의 발전에 대한 가장 뛰어난 전기적(傳記的) 설명인 그 글의 전체적인 취지는, 동일한 시기에 이루어진 알튀세의 증언과 비교해 볼 만하다. 이 책의 1장 각주 24를 보라.

생산에 근본적인 우위를 부여했다는 점에서, 그리고 역사를 사회형태들의 진화로 개념화했다는 점에서 오류를 범했다는 주장이었다. 하버마스는 '사회적 상호 작용'도 〔물질적 생산과〕 마찬가지로 환원할 수 없는 인간 실천의 한 차원이라고 주장했다. 그러한 상호 작용은 항상 상징적으로 매개되며, 물질적 생산의 도구적 행위에 대비되는 의사소통 행위의 특수한 영역을 구성한다. 생산이 외적 자연에 대한 보다 많은 통제를 목표로 했다면, 상호 작용은 내적 자연 ―― 인간의 필요와 성향 ―― 을 통제하는 규범들을 발생시켰다. 양자 사이에 필연적인 조응이 있는 것은 아니다. 즉 경제적이거나 과학적인 진보가 문화적 또는 정치적인 해방을 필연적으로 보장해 주는 것은 아니다. 그는 이것〔상호 작용이 발생시키는 규범〕을 '도덕적 생활의 변증법'이라고 불렀는데, 그것은 고유한 자율성을 갖고 있다.

이러한 하버마스 계획이 가지는 본래의 기본 구도 ―― '분리되어 있지만 동등한' 인간 행위의 유형들이라는 교의 ―― 는 이후 그의 작업이 발전해 나감에 따라 일련의 중요한 변화를 겪는다. 특히 세 가지 개념의 미끄러짐이 발생했다. 첫째, 확실히 공허하기는 하지만, 사회적 상호 작용이라는 개념은 가장 넓은 의미에서 경제와 반대되는 문화적 · 정치적 영역을 일반적으로 지칭하는데, 그 개념은 의사소통 개념에 점점 그 자리를 내주는 경향이 있었다. 마치 두 개념이 완전히 동일하며, 후자가 더 정확한 것인 양 보인다. 그러나 그것이 단어의 오용(誤用)이거나 은유적인 의미가 아니라면, 의사소통이 아닌 다른 많은 사회적 상호 작용의 형태들이 물론 존재한다. 인류 역사에서 가장 두드러진 실천들 중의 하나인 전쟁은 그 가장 명백한 예이다. 〔또〕 물질적 생산의 협동 노동도 가장 기본적인 사회적 상호 작용의 일종이다. 두번째로, 의사소통은 그런데 점점 언어와 동일시되었다. 몸짓에서부터 형상적 혹은 음악적 의사소통에 이르기까지 잘 알려져 있는 비언어적인 의사소통 유형들의 다양성에도 불구하고, 두 가지 용어 역시 교환될 수 있는 것처럼 보였다. 일단 이와 같이 의사소통으로부터 언어로의 미끄러짐이 발생하자, 그 다음 단계는 의사소통**으로부터** 끌어낸 공통의 항목 아래로 생산을 포섭하는 것이었다. 이것은 '학습 과정'이라는 개념이 문화적인 체계로부터 경제적인 체계로 확장됨으로써, 〔학습 과정이〕 인류 역사에서 한 단계로부터 다음 단계로의 생산력의 발전을 설명하는 기본적인 진화적 범주가 됨에 따라 이루어졌다. 그리고 나서 세번째 단계는 인류에 대한 정의와 역사의 발전에서와 마찬가지로, 생산적인 기능들에 대한 의사소통적 기능들의 공공연한 **우위성**을 주장하는 것이었다. 하버마스의 용어대로 하자면, 그것은 '노동'에 대한 '언어'의 우위이다. 『지식과 인간의 이해 관계』를 저술했던 시기에 이미 하버마스는, "우리를 자연으로부터 구분해 주는 것은 우리가 그 본질을 알 수 있는 유일한 것, 즉 **언어다**"라고——비시[*4] 사람들의 어조로——선언했다. 70년대 중반 『역사유물론의 재구성』이란 저작을 통해 그의 주장은 발생론적 기초를 가지게 되었다. 영장류가 도구를 가지고 노동을 함은 노동이 인류 이전의 행위임을 증명한 반면, 유적 존재로서의 인류는 언어의 혁신 및 오직 자신들만이 제도화할 수 있었던 가족에 의해 특징지어졌다. 게다가 생산에 대한 의사소통의 특권은 단지 충분히 '인간적'으로 되는 것이 무엇을 의미하는가만을

---

*4) 비시(Vichy) : 프랑스 중부의 지명(地名). 2차대전 독일의 프랑스 점령시에 나치의 괴뢰 정부가 있었던 곳.

구성하는 것은 아니다. 그 이후에도 그것은 역사적 변화의 지배적인 원칙으로서 계속 작동하고 있다. 왜냐하면 구석기 사회와 자본주의 사회 사이에 있는 두 가지 학습 과정 체계의 오랜 발전 속에서 주요한 변동을 결정했던 것은 경제적 힘이라기보다는 도덕적 규제였기 때문이다. 실제로는 도덕적 규제가 문명의 진화와 관련된 경제적 관계들의 지속적인 재질서화를 허용하거나 촉진한 것이지, 그 역은 아니다. 하버마스가 쓴 바와 같이, "이러한 규범 구조의 발전은 사회 진화의 조정자이다. 왜냐하면 사회 조직의 새로운 조직 원리란 사회 통합의 새로운 형태를 의미하기 때문이다. 그리고 이번에는 후자〔사회 통합의 새로운 형태〕가 사회적 복잡성을 증가시킬 수 있게 함과 더불어, 가용한 생산력을 실행하거나 새로운 생산력을 산출할 수 있도록 한다."[5]

이러한 입장은 하버마스의 초기 저작에 널리 퍼져 있었던 주장, 즉 '도덕적 생활의 변증법'이라는 규범적 발전이 경제적 진보에 보조를 맞추기는커녕 그것에 비참할 정도로 뒤떨어지는 경향이 있다는 주장과 직접적으로 갈등을 일으키는 것처럼 보인다. 또는 그가 프랑크푸르트 학파의 고전적 개념들과 매우 가까운 관점에서 설명한 바, "배고픔과 불행으로부터의 해방이 필연적으로 예속과 타락으로부터의 해방에 수렴되는 것은 아니다. 왜냐하면 노동과 상호 작용 간에는 자동적으로 발전적 관계가 존재하지 않기 때문이다"[6]라는 주장과도 갈등을 일으키는 것처럼 보인다. 하버마스는 이러한 난점을 인간 정신의 '발전적 논리'라는 개념에 기대어 해결하는데, 이 개념은

5) *Communications and the Evolution of Society*, London, 1979, 120쪽.
6) *Theory and Practice*, London, 1974, 169쪽.

점차 늘어나는 불변적인 구조로서 피아제(Piaget)의 유전 심리학으로부터 빌려 와 개인적 지평에서 사회적 지평으로 투사한 것이다. 이 논리는 사회 진화에서 가능한 규범적 양상들의 전 영역을 미리 구체화하는 동시에, 증가하는 성숙도의 스펙트럼에 따라 그것들의 등급을 매긴다. 이러한 의미에서 모든 문명 형태들은 태초에 언어의 획득 그 자체에 포함되어 있다. "의심할 바 없이 인식과 상호 작용의 발전은, 사회·문화적 생활 형태의 시초에 언어적으로 수립된 상호주관성의 자연적·역사적 혁신과 함께 이미 나타났던 가능한 구조적 형성체들의 논리적 범위를 단순히 소진할 뿐이다"라고 하버마스는 썼다.[7] 그렇다면 형식적인 '논리적 범위'와 연속적인 사회들의 실제 '역사적 기록' 간의 관계는 무엇인가?

하버마스가 볼 때 그 답은, 역사에서 구체적인 사회구성체들의 연속은 본질적으로 우연적이라는 것이다. 그에 의하면 '사회 진화에 관한 이론은 정신의 독자성 —— 그러한 한에서 정신의 내적인 역사 —— 을 나타내는 발전의 논리'를 설명한다.[8] 반면 역사 기술적 이야기는 우연적 상황들 그리고 상이한 성숙도를 가진 이러한 지속적인 정신 구조들이 자신의 사회적 표현을 찾아내는 방식들에 대해 연구하는 것이다. 둘 사이에는 건널 수 없는 고정된 간격이 존재한다. "진화 이론적 설명들은 이야기로 변형되어야 할 필요가 없을 뿐만 아니라, 이야기의 형태로 바뀌어질 수도 없다"[9]고 하버마스는 주장

7) *Zur Rekonstruktion des historischen Materialismus*, Frankfurt, 1976, 38쪽. 이 귀절은 *Communication and the Evolution of Society*에 있는 동일한 논문의 영역본에는 빠져 있다.

8) *Communication and the Evolution of Society*, 123쪽.

9) *Zur Rekonstruktion des historischen Materialismus*, 244~245쪽. "사회 진화 이론에 대한 역사 연구의 기능들에는, 진화 이론이 역사 서술을 떠맡을 수 있는 것과 상응하는

했다. 따라서 현대의 사회 질서가 정신의 과정적 논리 속에 나타난 도덕적 발전의 가장 높은 단계에 상응한다는 보장은 없다. 이러한 한에서, 하버마스는 누적적인 경제적 진보의 '구축 가능성'과 그것에 대한 책임 있는 통제를 보장할 수 있는—— 또는 보장할 수 없는—— 사회·윤리적 주체들의 '성숙도'에 대한 자신의 독창적인 구별을 계속해서 비판적으로 강조했다. 그러나 의사소통적 학습 과정이 일단 역사적 발전 속에서 인과적 우위를 부여받고, 그 자체가 모든 인간 정신의 도덕적 성장에 대한 내적 잠재력에 기반하여 성립된다면, 이론은 온화한 섭리주의로 전환되는 뿌리깊은 경향을 가진다. 이것이 하버마스의 '보편적 실용론'이 의미하는 바이다. 여기서 언어는 인류를 인류로서 보증하는 품질 증명서일 뿐만 아니라, 민주주의—— 그 자체가 본질적으로 합의된 진리에 도달하기 위해 필요한 의사소통으로 사고되는——에 대한 약속 어음이 된다. 이중적으로 행복감에 도취된 생략이 시작된다. 언어 그 자체는 선한 삶에 대한 열망과 동일시된다. "우리의 첫번째 문장은 보편적이고 억압되지 않은 합의에 대한 지향을 명확하게 표현한다"[10] 고 하버마스는 주장했다. 원칙적으로는 항상 선한 의지를 가진 주체들에 의해서, 즉 '이상적 담화(speech)[*5] 상황'에서 그러한 합의에 도달할 수 있다. 무엇이 진리인가를 성립시키는 것은 이러한 동의의 약속이다—— 그리고 "진술들의 진리는 최종적인 분석에서는 선한 삶에 대한 지향과 연결되어

과제는 없다." 하버마스가 제시하는 예들은, 국가의 출현과 더불어 일어나는 고대 문명으로의 이행, 그리고 시장 사회로부터의 차별화와 재정적 국가의 보완적인 출현과 더불어 일어나는 '근대성'으로의 이행이다.

10) *Knowledge and Human Interest*, 314쪽.

*5) 이 글에서 'speech'는 '담화'로, 'discourse'는 '담론'으로 번역하기로 한다.

있다."[11] 하나의 삶이란, 기만이나 지배가 작동하고 있는 곳에서, (기만과 지배가 일탈하고 있는) 진리에 대한 공통적인 가정인 이성에 의해 삶이 영향을 받는 한에서, 모든 담화 행위에서 '전제가 된다'. 따라서 의사소통적 윤리는 '합리적 담화의 근본적 규범들'에 기반하고 있다. 이러한 재구성에서 정신분석학은 '상호주관적인 일상적 언어의 왜곡'에 대한 이론이 되는데, 그 목적은 왜곡되지 않은 언어적 의사소통의 능력을 개인이 회복하도록 하는 것이다. 집합성의 수준에서도 마찬가지로 민주주의는 이상적 담화를 실천하기 위한 조건의 제도화로 규정될 수 있다. 즉 지배로부터 자유로운 담화이다. 그것은 '스스로 통제하는 학습 과정'[12]이다.

하버마스적인 세계와 프랑스 구조주의 및 그 계승자들의 세계 사이의 유사성은, 보다시피 가깝지만 이상스러운 것이다. 왜냐하면 후자에게서 회의적이고 어둡거나 저주스러워 보이는 모든 것이, 전자에게는 명쾌하고 구제된 것으로 나타나기 때문이다. 두 가지 기획 모두 언어를 모든 사회성의 최종적인 창조자이자 매개자로 옹립하려는 지속적인 시도를 대표해 왔다. 하버마스는——그에 대한 가장 권위 있는 주석가가 설명하듯이——"담화란 인간의 수준에서 독특하고 포괄적인 삶의 매개이므로, 의사소통 이론은 인문 과학들에 대한 근본적 연구이다. 그것은 사회·문화적 삶의 보편적 하부구조를 드러낸다"[13]고 주장하면서, 자신의 고유한 야망의 저변에 깔린

---

11) *Knowledge and Human Interest*, 314쪽.

12) *Communication and the Evolution of Society*. 186쪽.

13) Thomas McCarthy, *The Critical Theory of Jürgen Habermas*, Boston, 1978, 282쪽. 하버마스는 자신의 사상에 대한 연구인 이 저작의 예외적인 자질에 대해 정당한 찬사를 보낸 바 있다.

전제를 파리의 동시대인들 그 누구보다도 더욱 명확하게 표현했다. '매개'로부터 '근본'으로 미끄러지는 이곳에 일반적 언어 패러다임의 전체적인 혼동이 있다. 구조주의와 후기 구조주의가 언어에 대한 일종의 성악설(性惡說)을 개발했다고 말할 수 있는 곳에서 하버마스는 조용하게 성선설(性善說)을 생산했다. 데리다가 설명하는 바와 같이 프랑스에서 '언어가 보편적인 문제 설정에 침범'[14] —— 그의 저술에서는 항상 그러하듯이, 동사〔침범하다〕가 중요하다 —— 했을 때, 언어는 의미를 맹공격하고 진리를 짓밟으며 윤리와 정치를 포위 공격하고 역사를 일소해 버렸다. 반대로 독일 하버마스의 저작에서 언어는 역사에 질서를 회복하도록 하고, 사회에 합의라는 위안을 제공했으며, 도덕성의 기반을 보장하고, 민주주의의 요소들을 단련했으며, 진리에서 벗어난 것에 선천적으로 반하는 것으로 놓여졌다. 그러나 결론과 정서가 이렇게 대조적임에도 불구하고, 공통적인 선입관과 가정들이 존재한다는 것은 틀림없다.

구조주의가 해결하지 않은 채 부정적으로 남겨 놓는 데 만족하거나 해결될 수 없는 것으로 말했던 문제들에 대해, 하버마스는 전형적으로 긍정적이거나 합리적인 해결책을 부여하려고 노력했다. 그러나 그는 〔구조주의와〕 공유하고 있는 지형을 포기하지는 않았다. 따라서 보편적인 정신 구조들에 대한 레비스트로스의 이론은 사회 발전에 대한 어떠한 설명도 제공할 수 없었고, 하버마스는 이 둘〔정신 구조와 사회〕 사이의 간극을 이러한 구조들의 '발전의 논리'라는 개념을 통해서 좁히려고 노력하면서, 그것에 고유한 조합을 산출했다. 그러

14) *Writing and Difference*, 280쪽.

나 그렇게 하면서 그는 푸코나 레비스트로스와 마찬가지로 필연과 우연, 정신적 구조들과 우연에 의해 지배되는 역사적 과정들 간의 환원할 수 없는 이분법에 빠져 들고 만다. 담론에 대한 두 가지의 대립되는 연구 경향에는 마술적인 힘이 똑같이 있다. 그러나 푸코에게는 담론이 문서 보관소*6)의 노예 상태를 등록하기 위하여 규제할 수 없는 진술 또는 결정할 수 있는 진리의 배제를 의미한 반면, 하버마스에게 그것은 의사소통 능력의 최고 경지 즉 이상적 담화가 실제로 실현될 수 있고 그와 더불어 자유의 조건들이 실현될 수 있는 영역을 표현한다. 라캉은 동물의 부호들에 대립하는 것으로서 거짓말할 수 있는 능력을 인간 담화의 특수성으로 본 반면, 하버마스는 모든 거짓말을 진리의 단순한 기생물로 격하하면서, 그것은 모든 사람들에게 이해되어야 하고 진리에 대한 약속을 나타내는 담화 행위에서 헛된 속임수를 쓰는 것에 지나지 않는다고 본다. 그러나 하버마스는 진리의 가능성뿐 아니라 필연성을 주장함에도 불구하고, 진리의 조응 이론을 '언어의 영역을 파괴하려는'[15] 불가능한 시도로 고발할 때에는 자신의 파리 적대자들만큼이나 열정적이었다. 언어를 단순한 이성적 합의로 보는 그의 고유한 정의는 그 자체로 실용주의

---

*6) 문서 보관소(archive)는 '말해질 수 있는 것의 법칙, 단일한 사건으로서의 언표들의 출현을 지배하는 체계'이고 '언표들의 형성과 변환의 일반적인 체계'이다. 언표는 담론 구성체의 최소 단위로서, 기호가 사물을 지시하게 하는 방식을 의미한다. 결국 문서 보관소란, 초기(『말과 사물』 시기) 푸코의 '에피스테메' 개념을 대체하는 것으로서, '언표들에 대한 현실성의 조건'으로서 초험적이지 않은 아프리오리(a priori)를 가리킨다. 『지식의 고고학』, 182~190쪽을 보라.

15) "〔그 영역〕 내에서만 담화 행위의 타당성이라는 주장은 해결될 수 있다.": Wahrheitstheorien in Helmut Fahrenbach ed., *Wirklichkeit und Refexion: Walter Schulz zum 60. Geburtstag*, Pfullingen, 1973, 216쪽.

적 주관주의의 변종이다. 그는, 가설적인 '이성적 담화 상황' 즉 그 스스로도 비(非)사실성을 인정하는 빈약한 안전 철도에 의해, 파리 구조주의의 상대주의라는 심연으로부터 분리되어 있었을 뿐이다. 이와 비슷하게 라캉이 바라본 정신분석학은, 일상적인 자아의 언어와 그 고정화의 공허한 정확성이 아니라 무의식의 '말 전체(full word)'를 환자에게 회복시키려 하는 것이었다. 반면 하버마스는 프로이트와 유사하게, 긍정적인 자아의 심급에 대해 보다 전통적인 평가를 내리면서, 정신분석학을 '상호주관성의 일상 언어'에 대한 주체의 능력을 복구하는 것에 목적을 둔 하나의 치료법으로 본다. 그러나 양자의 경우 본능적 욕구가 언어적 기제들 속으로 사라지거나 해소되면서 프로이트 이론의 탈물질화가 발생한다.

이러한 모든 것들이 거론되었다 해도, 하버마스의 언어·역사 철학과 이와 짝을 이루는 구조주의 및 후기 구조주의 철학 사이에 존재하는 차이점은 단순히 부수적인 것만은 아니다. 나는 하버마스 견해의 이상스러운 순진무구함에 대해 이야기해 왔다. 그러나 이 또한 프랑스 언어 모델의 전형에는 일반적으로 낯선, 일종의 사상적 완성과 위엄을 갖고 있다. 하버마스의 문체——종종(항상은 아니지만) 단조롭고 까다로우며 피곤한 문체——는 그가 파리 대가들의 열광적인 기교와는 대조됨을 말해 준다. 그 배후에는 바그너의 세기말적인 고성(高聲)이 아니라, 독일 계몽주의의 진지한 이상과 낙관주의가 있다. 교육은 하버마스의 특징적인 관심과 주장의 범위를 통합하는 실질적인 중심 주제이다. 그것은 본질적으로 교육적인 정치관으로 이끌어진다. 토론장은 교실이 되고, 투쟁과 대치는 학습 과정으로 변한다. 그러나 전통적인 맑스주의적 관점에서 볼 때 고통스러울 정도로 명백한 이러한 시각의 한계들에도 불구하고, 그것은 사실상 정치를 배제하지는 않는다. 하버마스는 자신과 대립하는 파리 사람들과는 달리, 현대 자본주의의 내재적 경향들과 이로부터 발생하는 체계 변동 위기의 가능성에 대한 직접적인 구조적 분석을 역사유물론의 전통적인 프로젝트와 보조를 맞추면서 시도했다. 사회 통합을 저해하는 도덕적 '정당화'의 위기——경제적 축적 주기에 대한 국가 개입적 조절의 성공, 바로 그것에 의해서 역설적으로 산출된 위기——라는 그의 개념은, 이러한 측면에서 그의 진화적 역사 이론 전체가 설정하고 있는 규범성의 우위라는 도식을 충실히 공고화한다.[16] 60년대 후반에 발전된 이 개념은 그 이후 거의 경험적으로 입증되지는 못했다. 설사 어떤 것이 있었더라도, 70년대 세계 공황의 개시는 시장 체제의 정당화에 어떠한 위기도 낳지 않으면서도, 주요 자본주의 국가들의 경제적 조절을 저해했다. 지금까지의 결과는 하버마스가 기대했던 것과는 정반대였다. 미국과 영국에서만도 1200만 명의 실업자들이 있었으나, 그들은 레이건과 대처가 지배하는 기세 등등한 극우파 정부들에 의해 통솔되고 있다. 아마도 이러한 실패——생각

16) *Legitimation Crisis*, London, 1976, 특히 75~94쪽. 하버마스의 이러한 개념들에 대한 효과적인 비판으로는, David Held, "Crisis Tendencies, Legitimation and the State" in John Thompson and David Held eds., *Habermas—— Critical Debates*, London, 1982, 181~195쪽을 보라. 아그네스 헬러(Agnes Heller)의 "Habermas and Marxism"이라는 훌륭한 논문으로부터 시작하는 광범위한 논문들을 포함하고 있고, 하버마스의 상세하고 공들인 답변으로 끝 맺고 있는 이 책은, 그 자체로 하버마스가 옹호한 담론적 원칙의 경탄할 만한 실천적 예이다. 하버마스의 "Reply to my Critics"에 주목하라. 거기에서 그는 자신의 인식론에서 진리 개념의 '자명한 차원'은 "보다 심화된 해명을 몹시 필요로 한다"고 고백하고 있다. 반면, 여전히 그는 경험적 조응을 이러한 진리의 중심적인 기준으로서가 아니라 '제한된 경우'로서 일축해 버리려는 시도를 하고 있다(275쪽).

컨대 일시적인 실패——는, 현존 사회 질서의 부당성을 사회주의적 질서의 새로운 정당성으로 발전시키려는 집단적 **대리 행위**에 대한 설명이 하버마스에게서 완전히 부재하다는 것보다는 덜 심각할 것이다. 여기서 다시 한번 구조와 주체의 문제가 실천적 정치의 지형에서 가장 첨예한 형태로 제기된다.

이 문제에 대한 대답은 의사소통 모델을 지향하는 그의 사회 이론 전체의 경향으로부터 기대될 수 있는 것인데도, 하버마스는 그러한 대답을 결여하고 있다. 그러나 놀라운 것은——공통의 언어 모델에서 가지고 있는 한계에도 불구하고 구조주의와의 결정적인 차이점은 여기에 있는데——하버마스가 동요나 전향 없이 지난 25년여 동안 프랑크푸르트식 사회주의에 대한 자신의 고유한 해석에 몰두하는 일관성과 충실함이다. 그러한 몰두는 결코 혁명적인 것이 아니었고, 1968년의 충격에 접할 수도 없었으며, 1968년의 여파로 인해 재탄생되지도 않았다. 60년대 말 많은 프랑스 지식인들이 무정부주의나 마오주의로부터 냉전 시대 반공주의로의 경로를 택했던 반면, 맑스주의는 연방 질서를 전복하려는 것이므로 그것을 절멸해야 한다는 공식적인 시대의 조류에 뚜렷이 반대하고 맑스의 유산에 대한 그의 동맹 형태를 재확인하면서, 하버마스는 **임용 해제**(Berufsverbot)라는 억압적 추방에 대항하여 의연히 서 있었다. 언어의 과도화라는 논리에서는 설명할 수 없는 이러한 차이는 우리로 하여금 정치적 역사를 되짚어 보게 한다. 그 속에서만이 이러한 차이는 이해될 수 있다.

그 가닥들이 이제 한데 모이고 있으므로 나의 주장을 종합해 보

자. 나는 70년대 초에 비판 이론으로서 맑스주의의 미래에 대해 내가 했던 예측과 그것의 이후 실제적 발전을 비교하는 것으로 시작했다. 나는 나의 대차대조표가 추측했던 것의 일부에 상당히 근접했다고 주장했다. 무엇보다도 맑스주의는 구체성으로의 전환과 영어권으로의 확산을 동시에 목격했다. 이 두 가지는 모두 맑스주의의 지적 생동감과 국제적 호소력에서 주목할 만한 르네상스를 나타냈다. 그러나 동시에 이러한 전체적 계정 내에 두 가지 놀랄 만한 손실이 존재했다. 그 하나는 시사적인 것으로서, 철학적인 것이 지배적이었던 서구 맑스주의를 계승한 역사유물론의 일종〔영미 맑스주의〕 내에서 진정으로 전략적인 담론은 출현하지 못했다는 것이다. 다른 하나는 지리적인 것으로서, 전후 시기에 서구 맑스주의가 가장 강세를 보였던 라틴 문화 지역에서 신념과 사기의 급작스런 쇠락이었다. 남부 유럽에서 보인 이러한 지역적인 '맑스주의의 위기'의 이유는 무엇이었는가? 언뜻 보기에는 명백한 답인 것 같았던 구조주의의 〔맑스주의에 대한〕 힘의 우위는 조사 결과 그렇지 않은 것으로 판명되었다. 라틴 유럽의 얼룩진 정치적 기록은, 구조주의가 이론화할 수 없었던 외적 상황에 대한 이론의 의존성을 강조했다. 영미 맑스주의 문화의 양적인 성장도 프랑스·이탈리아계 맑스주의의 가파른 추락도 보지 못하고, 전통적으로 강력한 생산의 공고화만을 보았던 독일에서는, 구조주의의 주제들과 매우 유사한 주제들이 역사유물론을 재구성하려는 하버마스의 시도 내에서 재생산되었다. 그러나 그것들은 〔구조주의와는〕 상당히 다른 정치적 태도를 가졌다. 세 지역 모두를 가로질러서 이러한 지적 양상 전체를 이해하려면, 맑스주의가 그 자신의 발전을 설명하려는 시도 속에서 항상 잠정적으로 원칙적인

우위를 부여했던 훨씬 폭넓은 외적 역사로의 전환이 필요하다.

지금까지의 강의에서 나는 우리가 다루어 온 시기의 발전에 필연적으로 부딪히는 가장 큰 단일한 현실에 대해 거의 언급하지 않았다. 그것은 물론 국제 공산주의 운동의 운명이다. 서구 맑스주의 전통은 항상 그것과의 관계에 있어서 긴장과 의존의 독특한 조합으로 특징지어져 왔다. 이는 스탈린의 부상과 무자비한 관료주의적 독재 장치에 의해 소련에서 파괴된 사회주의적 민주주의에 대한 희망과 열정을 〔서구 맑스주의가〕 20년대 초부터 —— 러셀 야코비(Russell Jacoby)가 최근 우리에게 잘 상기해 주었던 바와 같이[17] —— 체현하고 있었기 때문이다. 아무리 매개되고 승화되고 대체되었다 해도 —— 그것은 이후 40년의 과정을 통해 그렇게 되었다 —— 서구의 의회 체제보다 더 진보적이면서 자본〔주의〕을 넘어선 정치 질서에 대한 이상은 사회주의적 민주주의에 대한 열망을 저버리지 않았다. 그리하여 소련의 국가 구조와 서구 맑스주의 전통 사이에는 영구히 비판적인 거리 —— 국제 공산주의 운동에 가까웠던 서구 맑스주의의 대표자들 즉 코르슈나 그람시 또는 마르쿠제, 사르트르와 루카치, 알튀세, 그리고 델라 볼페와 같이 다른 시기에 살았던 사람들의 저작에서도 식별할 수 있는 그러한 거리 —— 가 두어지게 되었다. 다른 한편 서구 맑스주의 전통은 20세기에 목격한 자본주의 질서 —— 러시아 내전에 대한 협상국들의 개입으로부터 나치의 소련 공격, 중국에 대한 전쟁

17) *Dialectic of Defeat*, Cambridge, 1981, 61~62쪽.

이었던 한국 전쟁, 쿠바에 대한 습격 시도, 그리고 베트남 전쟁에 이르는 사회주의 국가들에 대한 자본주의 국가들의 잔인무도한 맹공격——에 대한 유일한 돌파구를 표현하는 한에서, 그들의 야만성 또는 기형성이야 어떻든 간에 러시아 혁명과 그 계승자들〔사회주의 국가들〕을 거의 항상 의식하고 있었다. 게다가 서구 노동 운동 내에서 대안적인 전통이었던 사회민주주의 전통은 자본주의에 대한 현실적인 대항력을 상실하고, 대체로 현 상태에 대한 노예적인 지지자가 되어 버렸다. 공산당이 대중 조직으로 존재하는 곳에서, 그곳의 부르주아들이 맞부딪친 전투의 유일한 상대역은, 소련에 이데올로기적으로 의존하고 있는 이들 공산당이 계속 맡았다. 이러한 이유들에도 불구하고 서구 맑스주의 전통은 공산주의 국가들에 대한 비판에서 전형적으로 우회적이고 신중했다. 자신들의 명의로 행한 공산주의 국가들에 대한 직접적이고 확장된 이론적 분석이 시도되었다 하더라도 거의 드물었다. 물론 이는 소련에서의 20년대 정치 투쟁에 그 뿌리를 두고 트로츠키로부터 이어져 내려오는 비합법적 전통과 매우 대조적이다. 마르쿠제의 『소련의 맑스주의』는 경의를 표할 만한 예외이지만, 이것조차도 소련의 정치 조직보다는 이데올로기에 특징적으로 관심을 두고 있다.

서구 맑스주의의 전통적 태도가 가지는 이러한 본질적 애매함은 당분간 한 사상가 즉 장 폴 사르트르의 저작에서 예리한 지적 관심의 초점으로 부각된다. 그 이유는 50년대 서구 맑스주의 내의 두 가지 지배적인 선택들 사이에서 그가 독특한 입장을 취했기 때문이다. 그 두 가지 선택이란, 대중 정치에 실천적으로 가까워지기 위해서 대중 정치에 관한 이론적 침묵을 대가로 공산당의 형식적인 당원

자격을 유지하는 것이거나(루카치, 알튀세 혹은 델라 볼페), 또는 그 어떠한 조직적 실천 형태나 현실 정치에 대한 논평으로부터도 거리를 두는 것이었다(프랑크푸르트 학파의 생존자들). 사르트르는 『현대』의 선두에 섰지만 프랑스 공산당에는 결코 합류하지 않았다. 그러나 그는 맑스주의적인 정치적 개입의 일관된 실천과 프랑스 및 그 외 세계 각국에서의 계급 투쟁 과정에 대한 해석을 발전시키려고 노력했다. 『공산주의자들과 평화』에서의 일련의 논쟁적 에세이들, 이로부터 벗어난 메를로퐁티와의 분열 및 1956~57년의 스탈린주의에 대한 그 유명한 논문, 그리고 『변증법적 이성 비판』의 저술로 그를 이끌었던 것은 바로 이러한 기획이었다. 어제 나는 50년대 말 혹은 60년대 초에 『비판』의 제2권을 포기했던 것이 전후 프랑스의 지적 역사에서 중요한 계기가 되었다고 말했다.*[7] 이러한 포기의 부분적인 이유는, '상호 갈등하는 행위 진원지들의 다원성'[18]에 통일

---

*7) 이 책의 제2장 참조.

18) *Critique de la Raison Dialectique*, Vol. Ⅱ(미간행), mss. 1쪽. 나는 『영국 맑스주의 내의 논쟁』의 52~53쪽에서와 『비판』 제2권에서 보인 사르트르 계획의 이론적 누수(漏水) 현상에 대해 논의한 바 있다. 누수 현상은 본질적으로 통일성의 최종 심급으로서 스탈린의 형상을 통해——1930년대에서 1950년대에 이르는 소련의——전체 역사적 시대와 사회구성체를 파악할 수 있음을 해명하려는 그의 시도에 있다. 달리 말하자면 그 현상은 제1권의 두 부분을 이루는 전기와 역사 간의 거리를 고유한 승인 방식으로 은밀하게 생략한 데 있다. 이제 우리는, 사르트르가 이 문제들에 얼마나 일찍부터 몰두했으며, 얼마나 강하게 이 문제들을 접선(short-circuiting)하는 쪽으로 끌고 갔는가를, 최근에 간행된 포니 전쟁(Phoney War) 시기의 일지들로부터 알 수 있다(*Les Carnets de la Dr le de Guerre*, Paris, 1983). 이 저작은 그의 저술 전체에 걸쳐서 더할 나위 없이 활력에 넘치고 찬연한 것인데, 그것은 사실상 전후에 거둔 성과들의 모든 주요한 주제들에 대한 예견을 포함하고 있다. 그 가장 매혹적인 실례는 2차 대전의 발발에 자극받아 쓰여진, 카이저 빌헬름 2세의 역사적인 인성(人性)과 1차 대전의 도래 사이의 관계에 대한 긴 부록이다(같은 책, 357~375, 377~380, 383~387쪽). 마지막 왕족(王族)의 사회심리적 자질을 대가답게 묘사함으로

의 기초를 제공하는 적대적 실천들의 '봉합적인 총체화'를 그가 구축하려 하기 시작했을 때 직면한, 해결하기 어려운 철학적 난점들에 분명히 있었다. 그것은 우리가 보았듯이 구조와 주체의 순환적인 관계라는 결정적인 문제였다. 수고(手稿)로부터 판단하건대, 사르트르가 여기서 길을 잃었다는 것은 의심의 여지가 없다. 그러나 플로베르에 대한 그의 작업이 가진 방대한 규모는 그의 이론적 에너지가 소진된 것이 결코 아님을 증명해 준다. 그는 이후에 새로워진 활력을 가지고 이러한 이론적 난제를 공격하기 위해 되돌아올 수도 있었을 것이다. 마치 그 이전의 철학자들이 유사한 상황에서 그랬던 것처럼 말이다. 그가 그렇게 하지 않았던 이유는 다른 곳 즉 간행되지 않은 방대한 제2권에 있다.

사르트르가 하고자 했던 것은, 소련에서 10월 혁명으로부터 제2차 대전 및 그 이후의 스탈린 숭배에 이르는, 실제 역사 과정의 매개를 통해 비판적으로 연구하는 것이었다. 그의 변증법적 실험실을 형성했던 것은 피에 얼룩진 기나긴 계급 투쟁과 정치적 갈등의 경험이다. 그 선택은 단순한 모험이 아니었다. 『비판』의 제1권을 간행한 직후

써 뒤에 나올 플로베르에 대한 연구의 중요한 모든 철학적 주제들을 미리 공표한 후에, 그는 다음과 같이 끝 맺는다. "내가 보여 주려 한 모든 것은, 역사를 평행적인 의미의 층들로 분할하는 것이——사물들의 구조 그 자체가 아니라——바로 통상적인 역사적 방법과 그것을 지배하는 심리적 편견이라는 것이다. 만일 역사적 인물들을 그들이 역사화되는 것의 단일성에 비추어 본다면 이러한 평행성은 사라질 것이다. 그러나 나는, 그 역사 연구란 것이 개인을 자기 운명의 장인(匠人)으로 보는 하나의 논문이란 점에서만 유효하다는 점을 받아들인다. 그러나 개인은 또한 다른 사람들을 따라 행동한다. 나는 며칠 후에 빌헬름 2세가 1914년 전쟁의 '책임'을 나눠 맡고 있는 것에 대해서 성찰할 것이다" (386~387쪽). 시사적이게도 이러한 결의는 적어도 일지의 남은 부분에서는 지켜지지 않았다.

제2권의 간행에 대해 질문 받았을 때, 사르트르는 후편은 역사 자체에 대한 것이므로 역사가 어떻게 변하는가에, 즉 "다음에는 무슨 일이 일어나는가"에 달려 있다고 말했다. 수고를 읽어 보면 이러한 모호한 답변의 의미는 명확해진다.[19] 『비판』의 실제적인 지적 지평은 정치적인 것이었다. 흐루시초프 치하 소련의 민주화를 진전시키고자 하는 사르트르의 희망은, 1956년 『스탈린의 망령』이라는 긴 논문에서 "소비에트 역사 전체에 대한 낙관적인 전망이 웅변적으로 시작되었다"는 말로 정확하게 표현되었는데, 거기에서 그는 러시아의 헝가리 개입에 대한 통렬한 비판을 통해서 "탈스탈린주의화는 탈스탈린주의자들을 탈스탈린화할 것이다"[20]라는 예측을 고수했다. 60년대 초반 이러한 기대의 좌절이 제2권을 저술하려는 의도를 무너뜨렸음은 거의 확실하다.

1954년부터 1960년까지 노동 수용소가 해체되고 죄수들이 풀려나고 문화적 삶이 자유화되고 경제 개혁이 소비자와 지방에 혜택을 줄 수 있도록 허용되고 '평화 공존'이라는 새로운 외교 정책이 선언됨에 따라, 소련 사회는 전반적으로 스탈린의 영구 소유로부터 벗어나는 것처럼 보였다. 사르트르는, 재생된 정치적 자유와 보장된 개인적 권리 속에서 러시아 노동자 계급과 농민의 직접적 주권이 회복되고 더불어 이러한 과정이 급진화되기를 기대했다. 흐루시초프의 실패——쿠바에서의 미사일 위기로부터 60년대 초의 흉작에 이르기까지——는 결국 정반대의 결과를 낳았다. 20년간의 싸늘한 브레즈네프의 보수주의가 그 뒤를 이었다. 그러나 동유럽에서는 자유롭고 개혁

19) 이는 곧 미국 학자 로널드 아론슨(Ronald Aronson)에 의해 상세히 분석될 것이다.
20) *Situations VII*, Paris, 1965, 261쪽.

적인 공산주의라는 하나의 경험이 마지막으로 있었다. 그것은 흐루시초프주의의 경험보다 훨씬 더 계몽적인 것이었다. 체코슬로바키아에서 프라하의 봄이 그것이다. 반(半)서구화된 산업 문화라는 환경 속에서 전전(戰前)의 강력한 의회적 전통을 가지고, 집권당 내에서 관료주의적 지배의 껍질을 떨쳐 버리려는 의식적인 노력이 나타났고, 진정한 생산자 민주주의를 향한 진보가 있었다. 1968년 8월 바르샤바 조약군의 침략에 따른 이러한 전망의 파괴는, 소비에트 블록 내에서 탈스탈린주의화의 시기를 마무리했다. 사르트르의 비중 있는 마지막 정치적 에세이 ——『냉전으로부터 찾아온 사회주의』[21] ——는 체코슬로바키아 실험의 사망 선고였다. 70년대에 그의 선언들이 그 어느 때보다도 드물고 변덕스럽게 되면서, 그 이후 그가 자신의 나침반을 상실하고 중요한 정치적 발언을 다시 생산해 내지 못한 것은 우연이 아니었다.

그러나 그 동안 새로운 비중 있는 세력이 60년대 말과 70년대 초 서구 맑스주의 문화를 주기적으로 끌어당기고 있었다. 소련의 흐루시초프 개혁 모델에 대한 불신은, 중국에서 마오에 의해 공식적으로 주창된 '문화 혁명'이 스탈린주의적 산업화 및 관료주의화의 제도적 유산과 단절하는 보다 우월한 형태인 것처럼 보이게 했다. 문화 혁명은 모든 의미에서 급진적인 것이었기 때문에 역사적으로도 진보적인 것으로 보였다. 대외적으로 중국의 외교 정책은 억압받는 제3세계 인민들과의 적극적인 연대를 주장하면서 〔소련이〕 제국주의 권력들과 외교적인 공모를 꾀하는 것에 대해 공격을 가했다. 국내에

21) *Extentialism and Marxism*, London, 1974, 84~117쪽을 보라.

서는 위로부터의 조심스런 개혁 대신에 관료주의적 특권에 대항한 아래로부터의 자생적 대중 행동이 강조되었다. 시장의 힘에 보다 넓은 공간을 부여하는 대신, 사회적 평등주의가 모든 수준에서 강화되었다. 문화 혁명은 계급 분할 자체를 뛰어넘어, 도시와 농촌 간의 오래된 분리와 정신 노동과 육체 노동의 분할 그 자체에 대한 극복을 자신의 목표로 선언했다. 이 모든 것은 파리 코뮌의 정신에 입각한 직접적인 인민 통치와 젊은 세대의 고삐 풀린 정력과 열정을 통해서 실현될 수 있었다. 이러한 이데올로기적 강령은 서구에서 매우 광범위한 호소력을 가졌다. 서구에서 그것은 세계의 다른 극으로부터 나온 기술적 소비주의, 교육별 위계 질서와 기생적인 과잉 산업화에 대한 적대감이라는 일반적 주제들에 공명(共鳴)하고 있는 것처럼 보였다. 유럽에서 알튀세는 민주주의적 공산주의에 대한 열망의 많은 부분을 중국에서의 마오주의적 기획에 투자한 가장 저명하고 영향력 있는 맑스주의 사상가였다. 그의 이탈리아인 추종자이자 공동 작업자인 마치오치(Macciocchi)는 문화 혁명에 대한 무조건적인 예찬자가 되었다.[22] 문화 혁명에 대한 공감과 경의의 물결은 학생 전사들은 말할 것도 없고 매우 넓은 범위의 지식인들을 휩쓸어 버렸다. 그것은 상이한 정도와 상이한 방식으로 독일의 두치케(Dutschke)와 엔첸스베르거(Enzensberger), 프랑스의 풀란차스, 글뤽스만, 크리스테바, 이탈리아의 로산다(Rossanda), 아리지(Arrighi), 미국의 스위지와 맥도프, 영국의 로빈슨(Robinson)과 콜드웰(Caldwell)에 영향을 미쳤다.

그러나 중국에서 마오주의적 경험의 실질적인 실체와 방향은 중국

22) Maria-Antonietta Macciocchi, *Daily Life in Revolutionary China*, New York, 1972.

국외로 확산되었던 이상적인 이미지와는 전혀 다른 것으로 판명되었다. 이미 70년대 초반에 중국 정부의 억제되지 않는 반(反)소련 캠페인의 기세 ── 처음에는 충분히 이해할 수 있는 것이었다가 나중에는 점점 더 균형을 잃고 히스테리적으로 되어 버린 기세 ── 는 미국 정부와의 그 어느 때보다도 밀착된 포옹으로, 그리고 제3세계의 민족 해방 운동에 대한 지지 또는 연대를 그 어느 때보다도 눈에 띄게 포기하는 것으로 나아갔다. 이것의 교환 조건은 세 대륙을 가로지르는 가장 야만적이고 반동적인 체제들 즉 칠레로부터 자이레 그리고 이란으로부터 수단에 이르는 체제들과의 친목이었다. 국내적으로 문화 혁명은 외적으로 자신이 우선적으로 대항하고자 했던 바로 그 관료주의적 상층에 의해서 조작되었을 뿐만 아니라, 실천적으로도 자신이 목표로 선언했던 것과는 아주 다른 어떤 것에 이르렀음이 점점 더 명확해졌다. 그것은 정치적 억압과 관련하여 수백만의 희생자를 남겼던 당과 국가 장치의 방대한 숙청, 인구의 압력이 증가함에 따른 경제적 침체, 문화와 교육의 모든 영역에서 스탈린 숭배를 넘어서는 마오 숭배의 비합리주의로 퇴행함에 따른 이데올로기적 반계몽주의를 낳았다. 최종적인 대차대조표는 그에 선행했던 흐루시초프주의보다 훨씬 더 끔찍했다. 마오가 죽은 후에 문화 혁명에 대한 인민의 거부는 대단한 것이었다. 실제로 문화 혁명에 대한 반작용은 자유주의적이며 냉소적인 흐루시초프 개혁주의의 실용주의적 경향과 많은 측면에서 닮아 가게 되었다.

이러한 우울한 하향 곡선이, 멀리서부터 그것을 따라왔던 서구 맑스주의의 행로에 가한 충격은 클 수밖에 없었다. 그러나 그것은 결국 이 시기의 두번째 결정적인 경험과 뒤섞일 운명을 가지고 있었다. 문화 혁명과 그 결과는 소련이 지배했던 국제 공산주의 운동 내에서 동부〔중국〕의 분립을 완성했다. 10년 후 유로코뮤니즘의 출현은 대칭적인 서부〔서유럽〕의 분립을 가져왔다. 유로코뮤니즘의 출발점 역시 소련의 스탈린주의 유산에 대한 비판과 소련 및 동구에서의 내부 개혁 전망의 화석화에 대한 비판이었다. 그러나 마오주의가 우선적으로 흐루시초프주의에 대한 반발이었던 반면 —— 연대기적으로 그에 뒤늦으며 주제에 있어서도 그와 구별되는 —— 유로코뮤니즘은 60년대와 70년대 브레즈네프 체제가 공고화되면서 흐루시초프주의를 매장했던 것에 대한 반발이었다. 그것의 실제적인 탄생은 체코슬로바키아 침공 즉 처음으로 서유럽 공산당에 의해 만장일치로 비난받았던 소련의 행동에서 유래했다. 70년대에 결정화(結晶化)된 러시아 모델에 대한 유로코뮤니즘의 대안은, 서구에서 성취되어야 할 그 어떤 사회주의도 자본주의적 민주주의가 특징적으로 가지고 있는 시민적 자유의 모든 영역을 보존해야 할 필요성에 중점적인 강조를 두었다. 서구에서 성취되어야 할 사회주의란 개인적 권리와 다당제를 확립하고, 의회 제도를 유지하며, 생산수단의 사적 소유에 대한 그 어떤 급작스럽거나 격렬한 단절도 거부하는 정치 질서를 말한다. 달리 말하자면 그것은 사회주의를 향한 평화적이고 점진적이며 합헌적인 길이며 10월 혁명의 모델 및 그로부터 나타난 볼셰비키 체제와 정반대되는 길이었다.

많은 서구 맑스주의의 생존자들 또는 그 계승자들에 대해 이러한 제안이 갖는 매력은 충분히 이해할 만한 것이었다. 무엇보다도 이탈리아, 프랑스, 스페인 공산당 등 서구의 주요 공산당 지도부가 유로코뮤니즘적 입장을 채택한 것도, 처음부터 많은 서구 맑스주의의 전통의 저변에 깔려 있었던 사회주의적 민주주의에 대한 이단적인 관심을 뒤늦게 공식적으로 수용한 것으로 볼 수 있다. 소비에트 모델에 대한 유로코뮤니즘의 비판은 결국 40년 전 코르슈나 그람시에 의해 윤곽이 그려졌던 그런 비판과 재결합한다. 두 가지 환경이 유로코뮤니즘의 전망에 대한 맑스주의 지식인들의 집착을 특별히 엄청나게 하였다. 많은 면에서 극단적인 이데올로기적 반대물을 표상하고 있던 마오주의와 유로코뮤니즘이라는 〔국제 공산주의 운동에서의〕 두 가지 분립은, 내용상의 깊은 차이점에도 불구하고 공통적으로 소련에 대해 부정적으로 말한다는 점을 공유하고 있었다. 70년대 중반에 중국은 강박 관념에 사로잡혀 그리고 적의에 가득 차서 반(反) 소련을 선전했다. 그때 〔이미〕 중국은 해외로 뻗치던 빛을 잃어버렸으나, 마오주의의 영향 아래 놓였던 서유럽의 많은 서클들 속으로 확산된 러시아 혐오증은 사라지지 않고 남아 있었다. 그 결과는 단순히 상투적인 반공주의로의 급속한 이행이었다. 이것은 본질적으로 프랑스 신철학자들의 궤적이었다. 그러나 마오주의로부터 유로코뮤니즘으로의 진화는 더욱 빈번했다. 그것은 양자에게 공통된, 소비에트의 경험에 대한 강력한 거부에 의해 매개되었다. 이러한 이동은 특히 프랑스에서 두드러졌다. 알튀세는 애초에 프랑스 공산당의 '프롤레타리아 독재' 정식의 포기를 불안해했음에도 불구하고, 그러한 이동을 상징했다. 그러나 유로코뮤니즘으로의 일반적인 집결을 야기한 보다 강력한 요인은 남부 유럽의 정치적 상황이었다. 70년대 중반에 이 지역 전체는 인민의 전진과 사회의 변화가 무르익은 것처럼 보였다. 프랑스에서는 우파가 거의 20년에 걸쳐 끊임없이 지배한 이후에 불신임과 분열 속으로 가라앉고 있었다. 이탈리아에서 기독민주당의 타락과 무능력은 그 어느 때보다도 광범위한 저항과 그 어느 때보다도 많은 이탈리아 공산당 지지자들을 창출하고 있었다. 스페인, 포르투갈, 그리스 등지에서 파시스트나 군사 독재는 그 한계에 이르렀다. 이 모든 나라들에서 합법적이건 비합법적이건 간에, 공산당은 여전히 노동자 계급 내에서 가장 큰 조직적 세력이었다. 특히 선거를 통한 좌파의 연립 정부에 대한 기대가, 유로코뮤니즘에 의해 선언된 서구 다원주의로의 이데올로기적 전환과 일치하자, 북유럽 복지 자본주의의 사회적 교착 상태를 넘어서는 역사적 돌파의 기회는 현실적인 것으로 보였다. 〔나치로부터의〕 해방 이래로 그렇게 혁신적이고 축적된 인민의 희망이 노동자와 지식인 대중에게 있었던 적은 없었다고 말할 수 있을 것이다.

〔그러나〕 결국 그 결과는 한결같이 실망스러운 것이었다. 거대한 공산당들은 이러저러한 방식으로 연이어서 호기를 놓쳐 버렸다. 이탈리아 공산당은 간절히 원했던 공직도 얻지 못한 채 자신의 지지자들에게 환멸만을 심어 주었다. 공산당은 이탈리아 부르주아의 주요 조직인 기독민주당과의 종속적인 동맹 관계를 헛되이 추구함으로써 자신의 자산을 소진해 버리고 말았던 것이다. 자신의 파트너인 사회민주당을 두려워했던 프랑스 공산당은 좌파 연합이 여전히 강력했을 때 그것을 해체시켜 버렸는데, 이는 1978년 선거의 패배를 야기했다. 3년 후 이제 쇠약해지고 굴종적이 된 프랑스 공산당은 절반쯤은 사회민주주의와 비슷하게 되어 정부 내로 들어가고 말았다. 유로코뮤니즘을 홀로 거부한 포르투갈 공산당은 소수의 관료적 반란으로 권력을 획득하려다 실패함으로써 포르투갈 혁명을 끝장내 버렸다. 프랑코 체제에 대한 비합법적 저항의 중심 세력이었던 스페인 공산당은 프랑

코에 뒤이은 왕정(王政)에 참여했으나, 독재 시기 동안 완전히 수동적이었던 사회당에 밀려 주변화되었으며, 수적으로도 열세에 몰려 있음을 깨닫게 되었다. 이러한 실패의 축적은, 남부 유럽의 낡은 질서를 넘어서서 유럽 노동 운동의 새 아침을 기대했던 모든 이들의 사기를 떨어뜨린 충격적인 일이었다. 이른바 '맑스주의의 위기'의 원천과 의미는 바로 여기에 있었다. 위기의 실제 결정 요인은 그에 관해 겉으로 드러난 주제들과는 거의 관계가 없다. 위기를 폭발시켰던 것은 본질적으로 **이중의 실망**이었다. 즉 20세기 혁명 이후 지금까지의 중심적 경험인 소련의 경험에 대한 대안으로서, 처음에는 중국의 대안과 그 다음에는 서유럽의 대안에 대한 실망이다. 이러한 대안들 각각은 소련 역사에서 나타난 재난을 피하고 딜레마를 극복할 역사적으로 **새로운** 해결책으로 제시되었다. 그러나 그것들의 결과는 각각 낯익은 교착 상태로의 회귀임이 증명되었다. 마오주의는 흉포한 동양의 흐루시초프주의로 흘러가는 것처럼 보였다. 유로코뮤니즘은 점점 더 서구 사회민주주의의 아류와 같은 것으로 쇠퇴했는데, 그것은 제2인터내셔널의 〔사회민주주의〕 주류 전통과 관련해서는 〔보다〕 수줍어하고 하위에 속하는 것이었다.

물론 결정적인 것은 후자에 대한 실망이었다. 당시까지는 서구 노동 운동의 진정한 진보를 위해 가장 좋은 기회를 제공하는 것처럼 보였던 선진 자본주의 국가들 내에서, 그것은 사회주의의 조건과 전망에 직접적으로 부정적 영향을 미쳤다. 그렇다면 여기서 우리는 왜 '맑스주의의 위기'가 본질상 **라틴적인** 현상이었던가를 알 수 있다. 왜냐하면 유로코뮤니즘의 실현 기회가 가장 많은 곳처럼 보였으며 그에 뒤이은 좌절이 가장 첨예했던 곳이 바로 세 주요 라틴 국가들——프랑스, 이탈리아, 스페인——이었기 때문이다. 그러한 좌절의 형태는 우파로의 떠들썩한 전향에서부터 정치로부터의 무언의 탈출에 이르기까지 매우 다양했다. 그러나 가장 널리 퍼진 양상은 사회주의적 도전과 열망의 급작스런 위축이었다. 그것은 이제 자본주의를 지향하는 새로운 사회민주주의에——떳떳하지 못할 뿐 아니라 핑계까지 대 가면서——어렵게 적응할 정도로 위축되었다. 유로코뮤니즘의 몰락에 이득을 보면서 신선한 '유럽 사회주의'란 말로 치장한 미테랑, 곤잘레스, 그리고 크락시의 정부와 당은, 국내에서 신중한 개혁 전망을 통해 회개한 사람들과 오해가 풀린 자들 대부분의 충성을 이끌어 냈으며, 대외적으로는 '대서양 공동체'를 고수할 것임을 선언했다.

다른 곳의 상황은 사뭇 달랐다. 영국과 미국, 서독과 스칸디나비아에는, 〔라틴 유럽과〕 동일한 계획이나 희망을 이끌어 내고자 하는 대중적인 공산당이 전후에 존재하지 않았다. 북부 유럽에서——남부와는 반대로——사회민주당 정부는 수십 년 동안 모범이 되었다. 자본주의의 개량주의적 통치는 60년대 이래로 그곳에서 발전해 온 맑스주의에 색다른 경험을 거의 주지 못했는데, 이들의 정치적 초점은 개량주의적 통치에 대한 비판이었다. 미국에서 베트남 전쟁의 영향은 중단되지 않고 세계 공황의 영향으로 이어졌다. 베트남 전쟁의 영향은 맑스주의의 위기라기보다는 오히려 매우 작은 출발점에서 맑스주의 문화가 지속적으로 성장할 수 있는 배경을 창출했다. 이러한 조건들이 프랑스나 이탈리아와 같은 집단적 전향 또는 몰락의 토양을 제공하지 않게 만든 환경을 산출했다. 강건하고 안정된 역사유물론은 일반적으로 정치적 고립이나 적대를 견딜 수 있으며, 〔오히려〕 그것들을 통해 더욱더 견고하고 성숙한 업적을 수립할 수 있는 것으로 판명되었다. 이것은 〔남부 유럽에서 일어났던 역사적 상황들과〕 유사한 발전이 앞으로 영미 혹은 북유럽 좌파들에게 영향을 미치지 않을 것이라는 이야기가 아니다. 80년대 중반 영미에서 제국주의의 반동적 정치 체제가 대중적으로 공고화되어 몇몇 사회주의자들의 용기를 무너뜨리고 그들로 하여금 애타게 중립적인 위치를 찾게 함으로써 우파의 진영으로 끌어들인 것은 당연했다. 그러나 그러한 있을 수 있는 반응들의 범위는 더 살펴보아야 할 것으로 남아 있다. 당분간은 이 지역 맑스주의의 상대적인 강건함 및 활력, 유산된 유로코뮤니즘의 경험을 지니고 있는 지역에서 맑스주의의 병폐와 부식 그 사이의 대조만으로도 충분하다.

유로코뮤니즘의 성쇠가 라틴 맑스주의의 혼란을 치환하고 은폐한 주요 원인이었다면, 그것은 **또한** 역사유물론의 미래를 위한 계획서(나는 이것으로부터 출발했다)에 나타나는 또 다른 중심적인 모순에 대해 주요한 설명을 제공해 준다. 나의 예측에 조응하는 작업이 거의 혹은 전혀 발생하지 않았던 하나의 결정적인 영역은 맑스주의적 전략이었음을 여러분은 기억할 수 있을 것이다. 나의 가정은 60년대 말 노동자 계급 대중과 학생 전사들의 부활이 대중적 실천과 맑스주의 이론의 재통합 —— 그것만이 10월 혁명 시대 고전적 맑스주의의 성과물인 일종의 혁명적 전략을 만들어 낼 수 있으며, 그것의 부재가 오래도록 서구 맑스주의를 무능하게 만들었다 —— 을 가능한 것으로, 그리고 예지할 수 있는 것으로 만들었다는 것이었다. 실제로 발생했던 것은 이러한 시나리오에 가까우면서도 먼 것이었다. 맑스주의 이론과 대중의 정치적 실천 사이의 간격을 좁히는 중요한 사건이 있었고, 그것은 이론에 사활적이고도 풍부한 결과를 가져왔으나, 양자를 재통합하는 순환은 혁명적인 것에서가 아니라 **개량주의적**인 것에 의해 지배되었다. 70년대 나의 반성의 틀이 이러한 변수를 가능한 조합들의 범위에 속하는 것으로서 형식적으로 받아들였지만, 결론에서는 그것을 충분히 고려하지 않았다. 유로코뮤니즘은 그 한계에도 불구하고 선진 자본주의하에서 사회주의로의 이행이라는 실천적인 질문들을 맑스주의 이론의 의제에 제기했다. 프랑스, 이탈리아, 스페인에서 공산주의자가 참여하는 좌파 정부에 대한 명백한 절박성은 서구 전 지역에 걸쳐 맑스주의 지식인들의 정신을 집중하도록 만들었다.

이러한 발전은, 내가 주장한 바와 같이, 서구 맑스주의의 철학에 치우친 전통을 계승하는 역사유물론을 자신의 전형적인 형태를 특징짓는 구체로 전환하도록 하는 데 크게 공헌했다. 정치적, 경제적 그리고 사회학적 분석들이 예전에는 눈에 띄게 결핍되었던 곳에서 이제는 그것이 풍부하게 생산되었다. 그러나 엄격한 의미에서의 전략적 영역에서는 가치 있는 분석들이 거의 나타나지 않았다. 유로코뮤니즘은 자신의 이탈리아 대변인이 지칭한 바와 같이, 스탈린주의와 사회민주주의 사이의 '제3의 길'로 제시된 반면, 실제로 그 실천은 점점 더 제2인터내셔널의 자본주의로 돌아가는 음울한 복귀를 단순히 반복하는 것처럼 보였다. **새로운** 전략적 사고가 그러한 여로(旅路)를 따라서 발생할 수는 없었다. 유로코뮤니즘의 활동 무대 밖의 지역, 즉 북유럽이나 북미에서는 대중적 사회주의 운동이 아직 이와 비교할 만한 수준으로 발전하지는 못했다. 그곳의 전망은 환상을 품고 있지 않았을 뿐만 아니라, 자본의 권력을 전복하는 문제에 직접적으로 대면할 수 있는 가능성도 아직은 거의 없었다.

전략에 대한 더 많은 강조와 통찰을 특징으로 하는 혁명적 맑스주의라는 대안적 전통—— 그것은 서구에서 사회주의로의 이행에 중추적인 공헌을 할 수 있는 잠재력을 지닌 것처럼 보였다——도 자신의 역사적 경쟁자보다 더 의미 있는 성과를 거두었음이 입증되지는 않았다. 내가 『서구 맑스주의 연구』를 집필하고 있을 당시, 트로츠키로부터 내려오는 맑스주의 분파는 수십 년에 걸친 주변화 끝에, 선진 자본주의 국가에서 탈스탈린화된 좌파의 대중 정치에 재진입할 수 있을 만큼 안정된 것처럼 보였다. 트로츠키주의는 서구 맑스주의의 철학적 경향보다 정치·경제적인 사회주의 실천을 더 핵심적으로 고려하였다. 70년대 초를 특징지었던 세계 공황과 대중 봉기라는 새로운 정세 속에서 그것의 독특한 이론적 유산은 출발의 이점을 분명히 주었다. 그러나 결과적으로 그것이 포함하고 있었던 약속은 이 시기에 수행되지는 못했다. 유로코뮤니즘의 개념들과 변명들은 트로츠키주의의 저술에서 가장 효과적으로 비판되었다. 그러나 만델의 『스탈린주의로부터 유로코뮤니즘까지』와 같은 저작들의 논쟁적인 공격은 전형적으로 그 대상에게 반박의 여지를 남기지 않았음에도 불구하고[23], 유로코뮤니즘의 중심적 가정들이 일관되지 못하고 그럴듯하지 않다는 그의 부정적인 논증에는, 서구 자본주의를 패퇴시키기 위한 대안적인 시나리오의 지속적이고 긍정적인 구성이 동반되지 않았다. 봉건적 전제의 껍데기에 대항하여 발생한 10월 혁명이라는

23) 이에 대한 명백한 예외는 아마도 니코스 풀란차스와 앙리 웨버(Henri Weber)의 흥미로운 의견 교환인 "The State and the Transition to Socialism", *Socialist Review*, March~April 1978, 9~37쪽에서 찾을 수 있을 것이다.

패러다임에 상상적으로 지나치게 집착함으로 인해 비롯된 〔이러한〕 봉쇄는, 볼셰비키가 상대할 필요가 없었던 자본주의적 민주주의의 외형에 대한 이론적 관심에서 그를 너무 멀리 벗어나게 만들었다.

최근 몇 년 동안 역사는 이 운동에 결정적인 경험을 제공해 주었으나, 그러한 〔역사적〕 시험은 자신들의 힘을 넘어서는 것으로 판명되었다. 포르투갈 파시즘의 몰락은 동궁(冬宮)의 항복 이래로 유럽의 어느 나라에서보다도 사회주의 혁명에 가장 유리한 조건을 창출했다. 여기에서 (임시적인) 대의제 국가 기구들 내에서 다수를 점한 노동자 정당들의 대의원들은 억압적 국가 기구들의 해체와 맞닥뜨렸다. 군대 내에서 장교와 사병들 중 주요한 반란 분파들의 등장은 사회주의로 이행하는 물리력으로 전환되었다. 이러한 유의 이중적 기회는 선진 자본주의라는 조건하에서는 결코 나타난 일이 없었다. 허무하게도 관료주의적 권력을 향한 체코슬로바키아식의 길을 1948년에 반복하려고 했던 포르투갈 공산당은 필연적으로 그 기회를 놓쳐 버렸다. 그리고 그 곁에서 영향을 미쳤던 소수의 트로츠키주의 운동도 마찬가지로 기회를 놓쳤다. 비록 이 운동이 포르투갈식 진행 경로에 대한 가장 첨예하고도 흥미로운 십여 년간의 내부 논쟁을 촉발했다 하더라도,[24] 그것은 모순적이고 진리의 일부만을 담고 있는 대립된 입장들을 설득력 있고 혁신적인 전략으로 종합해 내는 데에는 실패했다. 뒤이은 해들의 불확실한 배치(grouping)가 보여 주는 것처럼, 제4인터내셔널은 포르투갈 혁명의 교차로에서 길을 잃고 말았다. 전략적 자원이나 혁신——자본의 질서를 극복하고 몰아낼 수

24) *Inprecor for 1974~1975*의 공식 문서들을 보라.

있는 힘과 기회, 계획과 돌발적 사건, 형식과 요구, 조직과 주도권, 방법과 수단의 총체——의 결핍은 이 시기에 어떤 곳에서도 제대로 치료되지 못할 운명이었다.

이러한 전략의 문제는, 50년 동안 그래왔던 것처럼, 오늘날에도 서구에서 맑스주의와 대면하고 있는 스핑크스로 남아 있다. 투표 및 인권 선언과 더불어 존재하는 빈약하지만 자본주의적 민주주의의 현실적인 자유는, 정치 체제뿐만 아니라 노동과 부(富), 경제와 가족에도 행사되는 질적으로 뛰어난 사회주의적 민주주의의 자유가 가진 힘에 의해서만 굴복될 수 있다. 그러나 부르주아 국가의 유연하고 영속적인 구조, 즉 그것이 직접적으로 의존하고 있는 동의의 조정에서는 영구히 탄력적이면서도, 그것이 궁극적으로 의존하고 있는 강제의 유지에서는 무한정 견고한 그러한 국가 구조가 도대체 어떻게 극복될 수 있는가? 복잡하게 통합되어 있는 우리의 시장경제 내에서 **위험**을 무릅쓰고서라도 자본 축적의 순환을 끊어 버리기 위해서는, 어떤 방식으로 어떤 사회 세력의 블록이 동원될 수 있는가? 이러한 질문들은, 구조와 주체——경제적·정치적 권력이 작동되는 구조들, 그것들에 대항한 모든 예측할 수 있는 반란의 주체들——의 문제가 비판 이론에만 해당될 뿐만 아니라, 모든 실천들 중에서 가장 구체적인 것에도 해당됨을 되풀이해서 상기시켜 준다.

나는 요약하는 어조가 아니라 기대하는 어조로 끝 맺음을 하고 싶다. 방금 논의한 주제들은 10년 전쯤에 내가 중심적이라고 주장했던 것들이다. 그러나 내가 당시에 제기하지는 않았지만 여전히 탐구해야 할 필요가 있는 다른 주제들도 존재한다. 왜냐하면 권력이라는 계기가 모든 진정한 맑스주의적 문제 설정의 알파〔처음〕이지만 오메가〔끝〕는 아니기 때문이다. 어떤 가치와 이상이 그리고 어떤 목적이 오늘날의 사회 운동을 세계 선진 자본의 지배에 대해 투쟁할 수 있을 정도로 고무할 수 있는가? 나는, 몇십 년 이후 비판 이론으로서의 맑스주의에 대한 주요한 도전이 여기서 재검토해 보았던 것과는 매우 다른 방향에서 나타날 것이고, 맑스주의는 그러한 도전의 지형 위에서 자신의 오메가를 개발해야 할 것이라는 모험적인 예측을 이 자리에서 해 보고자 한다. 프랭크 렌트리셔는 한 인상적인 문구를 통해, 최근 몇 년간 많은 이들을 유혹했던 '관념론적 사이렌*8)의 입체 음향'[25]에 대해 이야기해 왔다. 다른 무엇보다도 구조주의는 확실히 그러한 것이었다. 그것은 매우 매혹적인 관념론의 한 형태다. 그러나 내 추측으로는, 앞으로 보다 강력한 지적 도전은 아마도 **자연주의**에서 나타날 것이다. 이것의 징후는 우리 주위에 깔려 있다고 생각한다. 아마도 그것들의 다양한 통합체들이 바로 지평선 너머에서 기다리고 있을 것이다. 전통적으로 그리고 특히 영미 문화에서 사회적 실재의 생물학적 결정 요인에 대한 강조는 늘 우파와 연결되어 있었다. 이러한 계보는 소위 사회생물학——그것은 생태학 분야로부터 파생되었는데, 이들〔사회생물학과 생태학〕은 각각 그에 선행하여 다년간 존속했던 행태주의 입장에 차례로 빠졌다——의 출현

---

*8) 사이렌(siren) : 호머의 『오디세이』에 나오는 바다 마녀의 이름. 반신은 사람이고 반신은 새로서, 아름다운 노래로 뱃사공들을 매혹해 배를 암초로 끌어들여 난파시켰다고 한다.

25) *After the New Criticism*, Chicago, 1980, 208쪽. 이는 공교롭게도, 앞에서 기록했듯이 〔맑스주의가〕 쇠퇴함으로 인해서 특히 적절해진 문구이다.

으로 새롭게 강화되어 왔다. 이 전통의 이데올로기적 경향은 항상 인간 본성에 대한 반동적 개념이다. 즉 인간 본성은 가능한 모든 사회적 선택을 협소하게 제한하는 영구 불변의 생리학적 관계로 이해되었다. 문제가 되고 있는 〔인간의〕 본성은 변함 없이 공격적인 동시에 보수적이고, 개인주의적인 반면 관성적이다. 그것은 급진적 실험이나 혁명적 변화에 대한 지속적인 경고다.

좌파는 항상 상이한 역사적 질서 속에서의 인간의 사회적 **가변성**이라는 이름 아래, 그리고 인간을 억압하기보다는 오히려 해방한다는 측면에서의 인간의 개선 가능성이라는 이름 아래, 영구적이며 수정할 수 없는 인간 본성이라는 관념과 싸워 왔다. 그러나 최근에 사회주의 저술가들이나 좌파 자유주의의 설교자들은 점점 더 인간 본성 자체에 대한 다른 해석을 옹호하는 경향이 있음을 우리는 깨달을 수 있다. 그것은 **제한적**이라기보다는 **보호적**이라고 부를 만한 유형이다. 미국에서 눈에 띄는 예로는 놈 촘스키(Noam Chomsky)와 배링턴 무어(Barrington Moore)가 있다. 그들의 공통적인 주제는 인간 존재의 자연적 자율성 혹은 창조성에 대한 특정한 개념이라고 말할 수 있다. 촘스키는 정치적 견해란 "궁극적으로 인간 본성과 인간 욕구에 대한 어떤 개념에 그 뿌리를 두는 것임에 틀림없다"고 주장한다. 그의 견해에 따르자면, "인간의 근본적인 능력은 창조적인 자기 표현의 욕구와, 자신의 삶과 사고의 모든 측면에 대해 자유롭게 통제하고자 하는 욕구이다." 반면 "만약 인간이 유연하고 제멋대로인 유기체라면, 왜 국가 권력이나 행태주의적 기술자를 통해 그 제멋대로인 성질을 통제하지 않는가?"[26] 무어의 입장은 다소 염세적이지만, 분명히 〔이와〕 부합된다. 그에게서 정의(justice) —— 그는 이를 '고상한 대우'의 기준이라고 부른다——라는 최소한의 개념은 인간 본성의 보편성을 나타낸다.[27] 그러나 사회적 신비화나 강제의 아주 강력한 기제는, 촘스키가 우려하는 그러한 보편성의 상실——말살이 아니다——을 야기할 수도 있다. **불의**에 대한 무어의 연구는 결과적으로 사회 조직에 대한 인간의 반응에서 나타나는 고정성과 가변성을 모두 받아들이고 있다. 물론 촘스키나 무어는 모두 맑스주의자가 아니다. 그러나 맑스주의 내에서, 이탈리아 철학자 세바스티아노 팀파나로의 박력 있는 저작은 오랫동안 인간 본성〔개념〕의 또 다른 변종을 좌파의 입장에서 변호해 왔다. 그것을 구별해 주는 것은, 결핍 개념이라 불리울 수 있는 것, 다시 말해 한 개인이건 아니면 한 종(種)이건 간에 질병, 노쇠 그리고 죽음에서 인간 일생의 생물학적 한계를 직접적이고 웅변적으로 주장하는 개념이다.[28] 세 저자 모두에서 나타나는 이러한 자연주의의 기능은 **윤리학**에서도 발견될 수 있다. 역사유물론의 축적물 내에서 윤리학에 근접하려는 시도의 악명 높은 부재〔현상〕——그것은 일반적으로 정치학이나 미학으로 대치된다——는 이러한 기획에 특유한 쟁점과 힘을 빌려 주고 있다.

물론 어떤 경우든 어려운 질문들, 즉 핵심적으로는 그런 자연이 역사와 갖는 관계에서 비롯된 질문들이 떠오른다. 내가 생각하기에 구조와 주체의 **관계**라는 문제에 비할 만큼, 비판 이론으로서의 맑스

---

26) "Linguistics and Politics——an Interview", *New Left Review*, No. 57, September~October 1969, 31~32쪽.

27) Barrington Moore Jr., *Injustice : The Social Bases of Obedience and Revolt*, New York, 1978, 5~13쪽.

28) *On Materialism*, 29~72쪽.

주의에 또 다른 커다란 난제를 제기하는 것이 바로 이러한 두 용어의 접합이다. 유사한 문제가 역사유물론의 전통적 관심과 개념이 징후적으로 드러나는 미개척 영역의 거의 모든 곳에서 다시 나타난다. 거기에서는 고전적인 범위 밖의 새로운 정치적 운동이나 쟁점들이 이제 피할 수 없는 것으로 된다. 이러한 것들 중에서 가장 뚜렷한 세 가지 예가 여성, 생태, 그리고 전쟁의 문제이다. 여성에 대한 오랜 억압의 이유는 무엇인가? 그것은 사회학적인 보편성에 가까운 것인가? 계급 사회나 계급 이전의 사회에서도 마찬가지로 존재하는가? 〔이 질문에 대해〕 인류학이 우리에게 해줄 수 있는 것이 있는가? 이러한 질문들을 둘러싼 논쟁은 여성 운동 내에서 오늘날까지 맹렬하게 진행되고 있다. 필연적으로 그럴 수밖에 없는 것은, 그것이 미래 여성 해방의 형태를 지배하는 문제이기 때문이다. 결국에는 허망하게도 변덕스러운 것이 되어 버리긴 했지만, 한쪽 극단에서 파이어스톤(Firestone)과 같은 급진적 여성해방론자들은 전반적인 생물학주의를 채택해 왔다. 다른 쪽 극단에서 사회적으로 구성되는 성(性)을 주장하는 이론가들은 사실상 성별 분업의 그 어떠한 자연적 기초도 거부하고 있다. 그러나 성적 불평등을 가장 부단하게 반(反)자연주의적으로 설명하는 쪽도 여전히 **생물학적** 차이가 사회적 분업을 구성하는 데 왜 선택될 수밖에 없었던가를 설명할 수 있어야 한다. 자연과 역사의 접합은 피할 수 없다.

만약 오늘날 여성 운동 내에서의 지배적 동향이 그 〔자연과 역사의〕 관계를 지나치게 문화주의적인 방향으로만 기울이는 것이라면, 생태계 운동 내에서 지배적인 것은 확실히 그와 반대되는 경향이다. 생태계 운동에서는, 외적 자연과 내적 자연이 종종 유물론적 개념을 넘어서서 자신들의 역사적 변이에 대한 형이상학적 고정성과 정체성을 가진다. 본질적으로 고전적 맑스주의에는 부재한, 인류와 그것을 둘러싸고 있는 세계 환경의 상호 작용이라는 문제는, 여전히 그 해결이 더 이상 미루어질 수 없는 긴급한 것이다. 프랑크푸르트 전통의 명백한 장점 중의 하나는, 비록 철학적인 반성의 수준이었다 하더라도, 이러한 긴급성을 인식하고 있었다는 점이다. 다른 영역에서 윌리엄스와 루돌프 바로는 이러한 주제들에 대해 중점적으로 이야기해 왔다. 이들 각각의 경우, 수용할 수 있는 것이든 없는 것이든 인류 내에서 자연의 의미라는 문제가 자연에 대한 인류의 관계라는 문제에 의해서 직접적으로 던져졌다는 것은 우연이 아니다. 역사와 자연은 모든 생태학적 논의 내에서 필연적으로 재결합된다.

마지막으로 그리고 모든 것들 중에서 가장 치명적으로, 지구상의 모든 생명 형태를 파괴하는 세계적인 핵 전쟁의 가능성은, 처음으로 두 가지 공통적인 종착점의 극단적이면서도 임박한 위험을 제시한다. 살아 있는 자연의 소멸 속에서 인류 역사의 종말이 올 것이라는 우려가 그것이다. 그러한 우연성에 대한 생각 바로 그것은 역사유물론의 창시자들에게는 상상할 수 없는 것이었을 터이다. 따라서 그러한 현실은 눈앞에 닥친 20세기의 결말을 파악하려고 시도하는 모든 비판 이론에 완전히 새로운 문제를 던져 준다. 오늘날 우리가 목격하고 있는 위험한 국제적 관계로 점점 더 빠져들게 하고 급증하는 위험과 긴장된 미래를 약속하는 그런 역학에 대한 현대의 숙고나 추측은 여기서도 역시 자연주의적 성찰에 의존해야 했다. 최근에 에드워드 톰슨과 레지 드브레이(Régis Debray) —— 두 사람은 매우 대조적인 사상가이지만 한때는 맑스주의적 배경과 관련되어 있었다

——는 증가하고 있는 민족적 증오와 고조하고 있는 전후 세계의 국제적 군비 경쟁에 대한 궁극적 설명으로서, 집단적인 인간 유대에 초역사적으로 내재한 자아와 타자 간의 존재론적인 변증법을 제기한다는 점에서 사실상 수렴된다. 그러한 개념들 모두는 매우 조심스럽게 그리고 냉정하게 검토되어야 할 것이다. 그러나 그것들이 우리에게 말해 주고 있는 바는, 만약 구조와 주체의 관계가 사회주의적 전략에 있어서 초미의 관심 영역이라면, 자연과 역사의 관계는 오랫동안 지체되어 온 사회주의적 도덕성의 제고라는 계기를 우리에게 제시한다는 것이다. 맑스주의가 그것에 적절히 대처하지 못한다면, 그럴 수 있을 때까지 맑스주의는 비판 이론으로서의 자신의 임무를 완수하지 못할 것이다.

후기

오늘날 맑스주의의 상황을 평가하려는 시도에서 회피할 수 없는 마지막 문제가 있다. 맑스주의와 사회주의가 맺는 관계의 본성은 무엇인가? 이에 대한 단순하고 고전적인 답이 존재한다. 즉 맑스주의는 하나의 사회〔구성체〕로서의 사회주의로 나아갈 수 있게끔 하는 이론을 가리킨다는 것이다. 그러나 그러한 대답은 분명히 양자의 결합이 지니는 실제적인 복잡성과 모호함을 회피하고 있다. 왜냐하면 '사회주의'는 단순히 지평선 너머에서 우리를 기다리고 있는 역사적 과정의 실천적 종착점이 아니기 때문이다. 그것 역시 원칙과 가치를 지니고 열정과 주장에 의해 유지되며 지금도 활동적이고 전개중에 있는, 자신의 배후에 거의 두 세기에 달하는 과거를 지닌 이상〔주의〕적 운동이다. 이러한 의미에서 사회주의는 맑스주의에 선행하면서 동시에 그것을 넘어서는 문화적이고 정치적인 세력의 장을 표현한다. 같은 관점에서 〔사회주의〕 이론 그 자체는 역사유물론의 독점물이 아니다. 맑스 이전에도 사회주의 사상가는 존재했으며, 맑스 이후에도 맑스 이론의 지적 체계와는 거의 혹은 전혀 직접적인 관계가 없는 저작을 남긴 사회주의 사상가들이 존재해 왔다. 양자를 동일시하는 것은 예단에 불과할 것이다. 이 둘이 완전히 일치하지 않음은 명백하다. 실제로 최근에 에드워드 톰슨은 양자를 구분할 뿐만 아니라 날카롭게 대립시키려고 시도했다. 그는 새로운 유토피아주의를 위한 웅변적 변명으로 '공산주의'의 도덕적 주장을 재확인하고, '맑스주의'의 지적 주장들을 제거해 버렸다. 그러나 그러한 입장의 난점은, 왜 맑스주의가 금세기 국제 노동 운동 내에서 실제로 압도적인 우세를 보였는가에 대해서 설명을 제공할 수 없다는 것이다. 여기서 다시 한번 우리가 시작할 때 제기한 반성성(reflexivity)의 요구를 고려할 필요가 있다. 다음과 같은 질문이 제기되어야만 한다. 전체적인 사회주의 사상과 문화 내에서 역사유물론의 전반적인 지배를 가능하게 했던 역사적 근거는 무엇이었는가? 보다 정확하게 말하자면 사회주의자에게 이론으로서 맑스주의의 고유한 특성은 **무엇에 있는가**, 그리고 그것은 **얼마나 넓게** 확장되었는가?

여기서 모든 대답은 형태상으로 어느 정도 성급할 것임에 틀림없다. 그러나 대체적으로 현재까지 좌파 내에서 역사유물론이 차지한 구조적 우위는, 그것을 다른 모든 사회주의 문화의 업적들로부터 분리하는 세 가지 품질 증명서에 의존해 왔다고 말할 수 있을 것이다. (1) 첫번째는 그것의 순수한 **지식 체계**로서 지니고 있는 범위이다. 생시몽으로부터 모리스, 조레로부터 위그포스(Wigforss), 카야노프(Chayanov)로부터 미르달(Myrdal)에 이르기까지 흥미롭고 뛰어난 다른 많은 사회주의 사상가들이 있었음에도 불구하고, 오직 맑스와 엥겔스만이 자신들 이후에도 지속적이고 누적적인 발전이 가능했던 포괄적인 이론 체계를 생산해 냈다. 물론 그러한 수용 능력은 레닌이 쓴 바와 같이, 그들이 '독일 철학, 영국 경제학 그리고 프랑스 정치(학)'로부터 이룩한 종합에 연원한다. 그러한 종합은, 그 어떠한 대안〔적 사상〕이 대처할 수 있었던 것보다도 더 넓은 범위의 사회 형태와 실천들에 걸친 상호 연관된 개념들과 명제들을 풍부하게 산출했다. 이러한 의미에서 사회주의 내에서는 그와 동등한 것 또는 심지어 잠재적인 경쟁자조차도 존재한 적이 없었다. 다른 개인적인 사회주의 사상가들도 존재한다. 〔그러나〕 지금까지 진정으로 집단적인 연구의 패러다임을 구성한 사회주의 **사상**의 집성체는 오직 하나뿐이었다 —— 그것은 공통적인 〔이론적〕 언어 내에서, 세대와 대륙을 가로질러 상호 연계된 논쟁과 의견 교환을 허용한다. (2) 보다 넓은 범위의 사회주의 사상 내에서 맑스주의가 지니고 있는 두번째의 고유한 힘은, **역사 발전에 관한 이론**이라는 자신의 특성에 항상 놓여 있다. 여기서도 역시 다른 신념을 가졌던 많은 훌륭한 사회주의 역사가들 즉 토니나 르페브르, 비어드나 테일러 등이 있었다. 그러나 원시 사회로부터 현대의 문명 사회에 이르는, 세기들을 가로지르는 인류의 발전을 총체적으로 설명한 것은 단지 하나만이 존재한다. 그것은 역사유물론이다. 다른 모든 부분적인 해석들은 이와 대조적으로 파생물들이거나 파편들일 뿐이다. 오직 맑스주의만이 연속적인 역사적 진화의 시대들과 그에 특징적인 사회·경제적 구조들을 이해할 수 있는 이야기로 통합하는, 충분히 일반적이면서도 충분히 차별적인 분석적 도구들을 생산해 냈다.[1] 실제로 이러한 측면에서 그것은 사회주의 내에서뿐만 아니라 비사회주의적 문화 전체에서도 도전받지 않은 채로 남아 있다. 그것과 경쟁한 이야기는 존재하지 않는다. 베버의 작업이 그에 가장 근접하고는 있지만, 그의 특이한 연구가 지니는 특출한 풍부함에도 불구하고 그것은 일반적인 동학(動學)이나 운동 원리로서는 심각하게 뒤떨어진다. 베버의 이론에서 그러한 동학이나 원리를 연역해 내려는 진부한 '근대화' 이론의 계속된 시도들은, 공허한 동어반복적 껍데기만을 남긴 채 베버의 학식이 지니고 있는 풍부함을 도려내 버리고 말았을 뿐이다. (3) 셋째, 자본주의에 대한 투쟁에서 맑스주의는, 무력에 대한 정치적 요구로서 급진주의의 영향하에 있는 다른 모든 사회주의 사상의 전통과 떨어져서 존재해 왔다. 과거에 노동 운동 내에서는 원칙상 비타협적이고 호전적인 경쟁적 조류들이 존재해 왔다. 그 예로 스페인 무정주부주의가 있었는데, 그것은 사회 변혁 운동으로서는 유효하지 못했다. 또한 전성기 스웨덴 사회민주주의처럼 실천적으로 상당히 유효했던 조류들도 있었다. 그러나 그것은 급진적인 성과를 전혀 이루지 못했다. 오직 맑스주의가 지배적인 위치로 떠오른 곳에서만, 자본주의는 자신에 대항하여 투쟁하는 세력들의 손아귀로 떨어졌다. 현재까지 모든 성공적이었던 사회주의 혁명들은 역사유물론의 깃발에 의해 지도되었거나 그 깃발 아래 결집한 것이었다.

오늘날까지 맑스주의의 이러한 세 가지 능력은 사라지지 않았다. 그러나 그것이 맑스주의의 영원 불멸성의 원인을 말해 주는 것은 아니다. 사회를 변화시키는 목적의식적 실천을 가르쳐 주는 합리적 사고 체계로서의 역사유물론은, 사회주의의 지적 세계 내에서 자신이

1) 역사유물론에 있어서 서술적 계기에 관한 일정한 암시적 반성을 위해서는 Fredric Jameson, *The Political Unconscious*, 19~20쪽을 보라.

누렸던 저명함으로 인해 많은 면에서 고통받아 왔다. 이론으로서의 역사유물론이 가진 고유한 장점은 지나치게 강력했다고 말할 수 있을 것이다. 바로 그 과도한 장점으로 인해서도 종종 좌파 경쟁자를 주변화하는 것은 지나치게 쉬웠으며, 우파 비판가들에 대해 거둔 승리는 값싼 것이었다. 오랫동안 맑스주의는 사회주의 운동 내에서 실질적으로 주요한 그 어떠한 지적 도전도 대면해 본 일이 없었고, 자신의 외부에서 자신에 필적할 만한 견고함이나 신념을 지닌 거대한 역사적 결절점에 대한 그 어떠한 설명과도 대결해 본 일이 없었다.[2] 그 결과는 자신의 취약 지역들을 영속화하는 것일 뿐이었다. 지식은 상호 작용하는 적당한 정도의 저항 없이는 성장하기 힘들다. 맑스주의는 적당한 수정과 균형을 이루게 해줄 평형추의 부족으로 인해 어떤 특징적인 타성과 결점들을 발전시키면서, 자주 자신이 지닌 장점의 희생자가 되었다.

그러나 이러한 장점들은 오늘날 새로운 압력 아래에 놓이게 되었다. 그것은 환영받을 수밖에 없는 변화이다. 사실상 역사유물론의 전통적인 특권들은 이제 중대한 도전에 직면하고 있다. 첫째로 그리고 가장 명백하게, 사회에 대한 포괄적인 이론으로서 맑스주의가

2) 냉전 시대 교과서의 맑스주의에 대한 다소 의례적인 고발의 홍수는 적절한 내용을 결코 산출하지 못했다. 가장 최근의 그리고 여러 면에서 가장 조야한 것 중의 하나는 레제크 콜라코브스키(Leszek Kolakowski)의 *Main Currents of Marxism*, Oxford, 1978이다. 이와는 성격이 매우 다른, 대안적인 사회학적 체계로부터의 〔역사유물론에 대한〕 진정한 이론적 개입을 보기 위해서는, Anthony Giddens, *A Contemporary Critique of Historical Materialism*, London, 1982(『사적 유물론의 현대적 비판』, 나남)를 보라. 그리고 이에 대한 응답은 Erik Olin Wright, "Giddens's Critique of Marxism", *New Left Review*, No. 138, March~April 1983, 11~35쪽을 보라. 이러한 유의 대결은 지나치게 희귀한 것이었다.

지닌 체계성은, 그 전통적인 범위 전체를 벗어나 가족이나 성에 대한 담론을 개발하고 있는 여성 운동의 부상에 의해 의문시되었다. 물론 맑스주의의 고전적 문헌은 후기 엥겔스의 저작에서 이러한 쟁점들에 할애된 중요한 글들을 포함하고 있다. 그러나 이것은 그 이후에 지속적이고 중심적인 관심사로 통합되지 않았으며, 무시되거나 보류되는 주제로 전락해 버렸다. 따라서 그러한 전통의 모순과 누락이 정신분석학과 같이 덜 과학적인 사고 체계에 불안하게 의존함으로써 부분적으로 개선되어 왔다 할지라도, 새로운 여성해방론이 가져온 인식 전환——돌이킬 수 없는 시각의 변화——이 유익하고 급진적인 성격이란 것에는 의심의 여지가 없을 것이다. 생기 넘치는 여성사(女性史)의 출현이 잠재적으로 맑스주의에 대한 비판적 시험임에도 불구하고, 엄격하게 말할 때 역사적인 맑스주의의 출중한 면은 지금까지 덜 위협받고 있다. 더 나아가, 전혀 터득되지 않았으며 실제로 많은 부분 탐구되지 않은 맑스주의의 역사 영역인 인구통계학의 커다란 중요성은, 맑스주의 내에서 미래에 일어날 동요의 또 다른 원인인데, 인구통계학이 미치는 자극의 효과——충분한 측정이 이루어졌을 때——는 우리가 아직 두고 보아야 할 것이다.[3] 일반적으로 최근 몇 년 동안 넓은 범위의 국제적 기고자들——새로운 부류——에 의존하고 있는 영어권의 (비맑스주의적인) 사회주의 역사 잡지가 성공적으로 창간되었다는 사실은 주목할 만하다.[4]

셋째로 그리고 마지막으로, 한때는 맑스주의의 독특한 속성이었던

---

3) 이 영역에 대한 개척자적인 돌격은 Wally Seccombe, "Marxism and Demography", *New Left Review*, No. 137, January~February 1983, 22~47쪽에서 찾을 수 있다.

4) *History Workshop Journal*(1976년에 창간).

일종의 정치적 급진주의는 동구 공산주의 국가들이 이미지의 점진적인 변색을 드러내고 서구 공산당들이 자본주의의 진부한 합법적 틀내로 점차 통합됨에 따라 희미해져 왔다. 러시아와 중국의 공적인 구조를 개혁하려는 시도였던 흐루시초프주의와 마오주의라는 쌍둥이 실패작은, 상호 긴장과 대중적 자유의 질식이라는 장기간의 난국을 남기면서, 자신들을 정당화한다는 명목하에 〔맑스주의〕 교의의 명성에 무지스러운 효과를 낳았다. 그러나 이것들은, 여전히 맑스주의의 기억을 상기하고 있는 많은 유로코뮤니즘 당들의, 밖으로는 부르주아 통치권의 유지와 안으로는 관료적 권위의 유지라는 둔감한 순응주의와 국내적 온정주의에 의해 혼합되었다. 이러한 역사적인 별자리들 중 그 어느 것도 영원히 유지될 수 있도록 운명지어져 있지는 않다. 그러나 그것들이 유지되는 동안 선진 자본주의 국가 내에서 존재하는 정치적 반란의 전선은 적어도 중대한 변위(變位)를 쉽게 초래했다. 전투적인 방법과 급진적인 목표를 가지고 있는 주요 공산당의 좌파들에게 바람직하게 작용하는 유럽의 평화 운동은 이미 이러한 변위의 징후이다.

그러나 이러한 예는 다른 문제를 제기한다. 맑스주의와 사회주의의 관계는 일반적인 지식 영역 내에도 존재한다. 즉 그것은 본질적으로 이론적인 탐구의 주제와 관련된다. 그러나 다음과 같은 질문도 제기되어야만 한다. 실천으로서의 사회주의와 전체적인 인간 해방의 과정 사이에 존재하는 관계는 무엇인가? 20세기가 끝나 가고 있는 오늘날 이러한 것들은 단순히 동일시될 수 있는 것인가? 그러한 논제를 가장 직접적으로 제기했던 것은 여성 해방을 위한 급진적이고 국제적인 운동의 출현이었다. 성적 불평등의 폐지와 무계급 사회의 도래 사이에는 어떠한 관련이 있는가? 두 가지를 단순히 동일시하는 데서 나타나는 난점이, 혁명 이후의 사회(post-revolutionary society)에서 오늘날 광범위한 사회 생활에 걸쳐 존재하는 남성의 특권 유지에 있는 것은 아니다. 왜냐하면 장기적인 기준으로 볼 때 이러한 이행적 질서는 맑스주의적 관점에서 사회주의라고 규정할 수는 아직 없기 때문이다. 반면 그것〔이행적 질서〕은 최근에 산업화되었다. 그렇지만 그것은 아직까지도 농업 혁명 이전의 사회들보다 평등을 향한 매우 위대한 전진을 더 전형적으로 보여 주고 있다. 사회주의와 여성해방론적 관점의 직접적인 통합에서 나타나는 진정한 문제는 오히려 자본주의의 본성과 구조에서 발견될 수 있다.

왜냐하면 여성에 대한 남성의 사회적 지배가 자본주의보다 훨씬 오래 전부터 존재해 왔다는 것은 명백하기 때문이다. 사실 그것은 기록된 것뿐만 아니라 추정할 수 있는 인류 자체의 역사와 실제적으로 같다. 오늘날 알려진 원시 사회는 성별간에 권력과 지위를 분배하는 데서 비대칭적이었다. 초기 자본주의 생산양식은 자신이 행한 무수한 억압과 함께 이러한 오랜 불평등을 전승하고 재작동시켰고, 그것을 즉각 광범위하게 사용하고 심오하게 변형했다. 그러나 자본주의 생산양식의 계속된 발전 과정 속에서, 전체적으로 제2의 성이 제1의 성을 통해 겪는 제한과 손실이 증가되기보다는 오히려 완화되었다는 데에는 의문의 여지가 있을 수 없다. 기본적인 노동의 지표, 교양과 적법성 —— 일, 문화 그리고 시민권 —— 은 모두 오직 한가지 방향으로 움직였다. 자본의 경계 내에서 이러한 과정이 필연적으로 중지하는 지점은 존재하는가? 가족, 직업 및 교육 구조에 뿌리박고 있으며 일상 생활과 공공 생활에서 공히 나타나는 대중적 차별의

존속은, 생산 수단의 사적 소유와 성적 평등 간의 형식적인 양립 가능성에 대한 결정적인 반론이 될 수 없다. 결국 일정 정도의 진보가 후기 자본주의하에서 실현되어 왔으며 지금도 계속되고 있다. 경제적으로 자본의 가치 실현 과정의 순수한 기제와 상품 형태의 확장은 성에 개의치 않는다. 이윤의 논리는 성적 차이에 무관심하다. 비록 현존 부르주아 사회가 어느 정도 자신의 문화적 정치적 안정을 위해서 전통적 가족과 더불어 여성다움의 유지를 옹호할 수도 있지만, 생산양식으로서의 자본주의는 원칙적으로 좀더 높은 풍요로움의 수준에서 현존하는 남녀 역할의 동등화——심지어는 역할의 전도——를 이끌 수도 있다. 생산 수단과의 특유한 연관을 통해, 계급은 핵가족이나 성적 불평등 없이도 여전히 존속할 수 있다.

그러나 이것이 실천적인 전망인가? 그것은 단 하나의 근본적이고 불변적인 이유 때문에 그렇지 않다. 불평등의 유형으로서 성적 지배는 계급 착취보다 역사적으로 더 오래되었으며 문화적으로 더 뿌리깊다. 그 구조를 폭발시키는 것은 계급간의 차이를 해소하는 데 필요한 것보다 훨씬 더 많은 (집단적인 정신적 희망과 힘의) 평등주의적 노력을 요할 것이다. 그러나 그러한 노력이 자본주의 내에서 폭발하기라도 한다면, 자본주의가 유지하고 있는——보다 최근의 그리고 상대적으로 보다 노출된——계급 불평등의 구조를 그대로 남겨 놓을 수 있으리라고 생각할 수는 없다. 전자로부터 발생한 돌풍은 필연적으로 후자를 일소할 것이다. 성적 위계 없는 사회를 실현하려는 그 어떤 운동도 계급 분할에 기초하고 있는 사회를 구조적으로 허용하지는 못할 것이다. 그러한 의미에서 자본의 지배와 여성의 해방은——역사적으로 그리고 실천적으로——화해할 수 없는 관계다.

도대체 그러한 시나리오는 일어날 수 있는 것일까? 다시 말해서 성적 지배에 대항한 투쟁은 계급 투쟁을 승리로 이끌면서 보다 넓은 인간 해방에 주요한 자극을 주기적으로 제공할 수 있는 것일까? 그 답은 명백히 '아니오'이다. 그러한 불가능성의 이유는 사회주의와 여성 해방론의 관계가 갖는 역설로 곧바로 우리를 인도한다. 왜냐하면 문화적인 면에서 성적 지배의 구조가 계급 착취의 구조보다 더 오래되었으며 더 뿌리깊다면, 정치적인 면에서 그것은 또한 전형적으로 집단적이지 못한 저항을 창출하기 때문이다. 성의 분할은 자연의 사실이다. 하나의 역사적 사실인 계급의 분할이 폐지될 수 있는 반면, 성의 분할은 폐지될 수 없다. 자본가와 노동자가 사라져도 여성과 남성은 남을 것이다. 게다가 두 성별을 규정하는 생물학적 차이는, 종(種)이 존속하는 한 서로를 상호 의존적으로 만든다. 성의 폐지가 불가능하다면, 마찬가지로 성의 분리 역시 불가능하다. 인류 역사를 가로지르는 고정 변수인 남녀가 서로에 대해 가지는 호혜적 욕구는, 그것이 취했던 사회적 외양의 광범위한 다양성을 통해서, 남성 지배의 규칙과 기제가 여성에 대한 보상의 형태와 정도——그것은 직접 생산자와 그들의 생산물을 전유하는 자들 간의 경제적 관계와 등가적이지 않다——를 동반한다는 것을 항상 확증해 왔다. 이러한 〔대립물의〕 변증법 없이는 인간 애정의 역사 대부분을 상상할 수 없을 것이다. 불평등의 많은 관습과 실천 속에서 그와 같이 형성된 서로에 대한 감정과 지지의 관계는, 주어진 계급 내의 이성 배우자들 사이에서도 (언제나 그런 것은 아니지만) 대략적인 물질적 조건의 평등에 의해 유지되어 왔다.[5)]

마지막으로 그리고 가장 결정적으로, 바로 이러한 양상으로 인해 성적 지배 내에서 저항이나 반역의 직접적인 대상은 일반적으로 개인이 되는 경향이 있다. 왜냐하면 억압은 항상 결혼 생활이나 가족의 내적인 성 규범 속에서 가장 친밀하게 그리고 영속적으로 행사되기 때문이다. 노동자들은 특징적으로 자신의 고용주 혹은 국가에 대항하여 집단적으로 반란을 일으키곤 한다. 계급 투쟁은 사회적이다. 그렇지 않다면 그것은 아무것도 아니다. 〔그러나〕 여성은 그 지위에 있어서 일치되어 있지도 않으며, 총체화된 적(敵)을 갖는 것도 아니다. 여성 자신들이 경제적 계급으로 분할되어 있고, 〔마찬가지로〕 계급 분할에 종속된 남성들에게 자기 계급 내에서도 종속되어 있다. 따라서 그들의 세력은 일반적으로 보다 미분되어 있으며 분산되어 있어서, 그들의 노력의 집중점은 보편적인 성(性)으로서의 특정한 상대가 되기 쉽다. 이러한 측면에서 남성이 지배하는 사회에서 여성의 조건이 가지는 독특함은, 여성에 대한 규제나 억압을 위한 어떤 특화된 대리 기관, 즉 사회 계급 수준에서 강제적인 국가 기구와 대등한 그런 기구가 존재하지 않는다는 사실을 통해서도 알 수 있다. 물론 이것은, 계급이나 국가 없는 부족 사회가 상대적으로 부드러운 정도에서 극단적으로 심한 정도에 이르는 모든 수준의 성적 불평등을 여전히 완벽하게 강제할 수 있는 이유이다. 여성 억압 구조의 전반적인 **집중화**는 존재하지 않는다. 그리고 이러한 억압의 분산이 그에

---

5) 이성간의 관계들에 대한 섬세하고 감동적인 묘사로서, 석기 시대 사회에서 천명된 남성 지배로부터 이러한 점들을 예증하는 것으로는, Maurice Godelier, *La Production des Grands Hommes—— Pouvoir dt Domination Masculine chez les Baruya de Nouvelle-Guinée*, Paris, 1982, 221~251쪽을 보라. 이것은 의심할 바 없이 현대 인류학의 고전에 속하는 맑스주의 학자의 저작이다.

대항한 단결된 저항의 가능성을 치명적으로 약화시킨다. 저항의 구심점 없이는 집단적인 연대와 일상적인 조직은 성취하기가 늘 어려우며, 유지하기엔 늘 약하다. 물론 이것이 여성의 자기 해방을 위한 연대 행동이 불가능하다는 것을 의미하지 않는다. 반대로 지난 10년 동안 그러한 행동은 서구에서 그 어떠한 노동자 투쟁보다도 더 많은 진보를 가져왔다고 말할 수 있다. 이는 법적인 변화나 문화적 태도라는 점에서만이 아니라 보다 근본적인 의미에서도 사실이다. 아마도 70년대 이래 여성 운동이 제기한 도전은, 부동(不動)의 부르주아 사회에서 질적으로 다른 미래에 대한 기대를 도출하려는 데서 다른 어떤 사회 현상보다도 더 많은 것을 해냈다.

그러나 결정적인 하나의 차이점이 남아 있다. 급진적인 여성 해방의 대의(大義)가 아무리 남성을 현재의 모습에서 해방할 정도로 보편적이라 할지라도, 그것은 자본주의의 경제나 정치 체제를 뿌리뽑을 수 있는 실질적 또는 잠재적인 집합적 대리 행위가 되기에는 불충분하다. 그러한 이유로 인해 다른 전략적 영향력을 발휘할 수 있는 사회적 세력이 필요하다. 산업 사회의 직접 생산자를 구성하고 있는 근대적인 '집합적 노동자'만이 그러한 영향력을 가지고 있다. 그들의 특유한 '계급적 능력' 때문에 또는 (그들만이 변형하고 정지시킬 수 있는) 자본주의적 기계제 생산의 전 과정 내에서 그들이 차지하는 위치 때문에, 그들만이 잠재적 응집력과 대중성을 가지고 있기 때문에, 그들은 부르주아 국가와 결정적으로 대결하는 데 필요한 대중적 의지와 열망으로 가득찬 조직된 군대의 핵심적인 분견대를 제공할 수 있다. 물론 그러한 군대는 다수의 여성 노동자들을 포함한다. 앞으로는 노동력의 구성에서 전통적인 성적 불균형이 지속적으로 변해 나감에 따라 그러한 군대 내에서 여성의 수는 더더욱 많아질 것이다. 마찬가지로 이 군대는 사회주의자뿐 아니라 여성해방론자도 자신들의 고유한 깃발 아래 끌어 모을 것이다. 사회주의로의 이행을 방해하고 있는 끈을 풀어 줄 수 있는 저항 블록은 그 구성에서 다양하며 다원적으로 될 것이다. 그러나 그것은, 저항 블록이 자본주의 사회가 기반하고 있는 물질적 부를 직접적으로 생산하는 사람들 내에 무게 중심을 가질 때에만, 단순히 이견을 대조하는 수준을 넘어설 수 있을 것이다.

오늘날 여성해방론의 실천적 대의와 사회주의의 실천적 대의 간의 관계 속에 각인된, 목표의 보편성과 그 결과의 특수성 사이의 긴장은 사실 '유토피아적' 사회주의로부터 '과학적' 사회주의로의 본래적인 이론적 계승 그 속에서도 볼 수 있다. 생시몽, 푸리에 또는 오언의 유토피아주의는, 결국 그것들을 대부분 대체했던 맑스와 엥겔스의 사상보다 훨씬 더 명백하고 일관된 관심을 성적 부조화에 쏟았으며, 보다 더 끈기 있고 대담하게 그것을 제거할 수 있는 방법을 찾아내려 했다. 엥겔스는 이러한 선행자들의 저술을 회고하면서 "그들의 환상적인 외피를 모든 곳에서 뚫고 나가는 방대한 양의 위대한 사상과 사상적 맹아를 보고 기뻐했다"고 말했다.[6] 그러나 그들의 방향과 정확히 일치하는 것이 역사유물론의 집성체 속에는 존재하지 않는다. 현대의 여성해방론자들이 공상주의자들의 저작이 가지는 지속성과 영감 때문에 그들에게 열렬히 되돌아갔던 것은 결코 우연이 아니다.[7] 20세기로의 전환기에 후기 유토피아적 사회주의의

6) *Anti-Dühring*, Moscow, 1954, 356쪽.

일반적인 집대성이 정치적 강조와 상상력의 상실을 동반했음은 의심할 여지가 없다. 그러나 동시에 왜 유토피아적 전통이 그토록 급속히 실추되었는가를 명확하게 살펴볼 필요가 있다. 인류 전체의 윤리적 개혁을 위한 계획으로서 제시된 공상주의적 전통은, 자신이 지독히 경멸했던 물질적 불행의 엄청난 무게를 덜어 낼 수 있는 역사적인 '운영자'를 결여했다. 그것은 인류를 모든 속박으로부터 '단번에' 해방하려고 했기 때문에, 성이라는 논제를 계급이라는 논제만큼 혹은 그보다 더 많이 탐구할 수 있었다. 그러나 동일한 이유로 말미암아 그것은, 새로운 문명을 가져올 인류 내의 분할선을 어떻게 위치지어야 하는가란 문제를 빠뜨렸다. 그것의 화평적(和平的) 보편주의——그 창시자들의 정식화에 따르면 현세적 종교의 교리[8]——는 정치적 변화의 핵심적 동인으로서 사회적 갈등을 배제해 버렸으며, 필연적으로 그것을 대체할 수 있는 것으로서 윤리적 전도에 의존했다. 역사적으로 특수한 경제적 생산 형태에 뿌리내린 특정한 사회적 대리 행위의 위치가 전복될 수 있는 아르키메데스의 작용점*1)——자본주의가 도래하면서 창출된 산업 노동자 계급의 구조적 위치——으로 구질

7) 테일러(Barbara Taylor)의 뛰어난 저작, *Eve and the New Jerusalem*, London, 1983을 보라. 존경스럽게도 이 책은 매우 통렬하고 열정적인 오언주의 여성해방론의 기록을 우리에게 복원해 주며, 또한 이후 그것이 실추하게 된 역사적 이유를 탐구하고 있다(19세기 말 그것의 실추는 통념적인 설명에서 다루듯이 절대적인 것은 아니었다).

8) 이러한 것들과 이와 관련된 공상적 사회주의의 조류들을 조명해 주는 분석으로는, Gareth Stedman Jones, "Utopian Socialism Reconsidered", in Rapael Samuel ed., *People's History and Socialist Theory*, London, 1981, 138~242쪽. 물론 오언의 마지막 중요한 정치적 기획은 예언적이게도 '모든 민족 모든 계급들의 연합'이라고 불렸다.

*1) 고대 그리스의 수학자 겸 물리학자인 아르키메데스가 지레의 원리를 설명하면서, 자신에게 적당한 길이의 막대기와 작용점이 주어진다면 지구도 들어 올릴 수 있다고 했다는 일화에서 유래한 말.

서에 의해 규정됨으로써, '과학적' 사회주의의 결정적인 진출은 이러한 교착 상태를 깨뜨릴 수 있었다. 정의상 그러한 과정은 사회가 대립되는 정치적 입장으로 가장 첨예하게 양분된 것과 그들간에 특유한 전쟁이 있었다는 것을 포함한다. 이러한 관점의 전환을 통해 얻은 소득은 너무나도 커서, 그것은 오랜 기간 사회주의 사상 내에서 이전의 유토피아적 문제 설정을 사실상 망각 상태로 돌려 버렸다. 그러나 이를 위해 지불된 비용이 있었다. 그것은 20세기 노동 운동의 지배적 이데올로기인 맑스주의가 갖고 있던 독특한 관심 영역을 협소화했다는 것이다.

동일한 이탈이 전통적 사회주의 사상의 해협을 넘쳐흐르는 다른 커다란 논제에 의해서 제기되고 있다. 핵 전쟁의 전망이 그것이다. 그것은 똑같이 그러나 훨씬 더 극적이고 최종적으로, 자본과 노동 간의 투쟁을 초월해 보편적인 인류의 이해(利害)를 좌우한다. 그 이해란 다름 아닌 인류의 생존 그 자체이다. 그렇다면 지구 전체의 멸망이라는 지속적으로 증가하는 위험을 경고하면서 새로운 평화 운동을 발생시킨 그 이상의 일들을 했던 사람들이, 사회주의 내에서 유토피아적 전통의 부활을 종종 요구했다는 것은 매우 논리적이다. 에드워드 톰슨과 루돌프 바로가 눈에 띄는 그런 예들이다. 이들 각각은, 맑스주의가 인류의 미래에 맞이할 수밖에 없는 위험의 형상과 겨루기에는 도덕적으로 불충분하다는 것을 느껴 왔다. '핏발 선 20세기가 종말로 기우는'[9] 때에, 맑스주의는 인류 전체를 구원하려는

---

9) 현금의 전쟁 위험에 대한 톰슨의 강력한 분석으로는 그의 두 논문, "Notes on Extermination —— The Last Stage of Civilization", "Europe, the Weak Link in the Cold War", *Exterminism and Cold War*, London, 1982, 1~34, 329~349쪽을 보라.

이론이라기보다는 적대적인 세력들을 쉴 새 없이 서로에 대항하도록 싸움 붙이는 계급간의 투쟁에 대한 이론이고, 도덕적 불충분함은 맑스주의의 그런 성격에서 유래하는 〔이러한 문제에 대한〕 무감각 때문이라고 그들은 생각했다. 이들은 이러한 〔무감각이라는〕 유산에 대항하여, 수소폭탄에 의한 멸종의 위협을 피하려는—— 국가와 계급의 장벽을 뛰어넘는——인간의 공통적인 반성(reflex) 속에 내재한 **즉자적인** 보편주의에 호소해 왔다.

이러한 호소의 힘과 정당성은 의심의 여지가 없는 것이다. 자본가와 노동자, 관료와 농민은 오늘날 어떠한 세계 전쟁이 일어나도 공멸하게 될 것이다. 어떠한 형태의 사회주의를 추구한다 하더라도 국제적 평화는 그 조건이 될 수밖에 없다. 마찬가지로 어떠한 형태의 자본주의를 유지하려고 하더라도 그러하다. 늘어나는 핵무기 경쟁의 기세에 대항하여 생각할 수 있는 가장 광범위한 동원이 오늘날 필요하며, 미래에는 그 어느 때보다도 절박하게 될 것이다. 그러나 여기서도 마찬가지로, 전(全)지구적 차원에서의 목표와 대리 행위 간의 관계는 구별된다. 핵 전쟁의 충동을 억제함으로써 얻는 이득은 보편적일 수밖에 없다. 그러나 그러한 이득을 보장할 수 있는 세력은 필연적으로 특수한 계급이다. 국제 관계를 지금과 같이 악화 일로로 이끌었던 냉전이라는 기나긴 계기는, 모든 신유토피아적 분석이 불가피한 경향으로 암시한 것처럼, 인류의 도덕적 구성에서 나타나는 선천적 오류나 뒤틀림에서 도출되지는 않는다. 그것은 바로 세계적 계급 투쟁의 무시무시하지만 이해할 수는 있는 산물이다. 이러한

이 책은 평화 운동의 현재 논점들에 대한 광범위한 국제적 기고문들을 포함하고 있다.

계급 투쟁에 대한 이해가 역사유물론을 낳았다. 〔냉전은〕 러시아에서 베트남까지, 중유럽에서 중미의 혁명들에 이르기까지 사회주의를 건설하려는 모든 시도를 억누르는 주요 자본주의 국가들의 끊임없는 결단에 기반한 갈등이었으며, 그러한 결단에 대한 저항이 그 지역들 내에서 작동한 기형태(奇形態)인 것이다.[10] 이러한 갈등의 잠재적인 결과는 자본과 노동의 대립을 넘어선다. 그러나 갈등의 실제적인 근원은 그러한 대립의 한도 내에 단단히 감겨진 채로 있다. 그리고 이러한 이유 때문에 서구 지배 계급은, 제한 없는 핵폭탄 비축의 위험과 비용을 합리적으로 계산하고 예상하여 무기 감축이라는 수단에 **양보**할 수 있으면서도, 비핵 평화를 지향하는 그 어떠한 운동의 **선도자**도 결코 될 수 없는 것이다. 전쟁을 향한 장기간의 추세로부터 인류를 구원할 수 있는 유일한 정치적 대리 행위는 자본이 아닌 노동의 곁에——즉 오늘날 제국주의 사회 내에서 근본적인 생산수단과 강제를 소유하고 있는 자들보다는 그러한 것들을 빼앗긴 자들의 곁에——존재한다. 기하학적인 의미에서든 아니면 역사적인 의미에서든 간에, 좌(左)와 우(右)라는 범주가 마술처럼 지양(止揚)될 수 있는 공간은 존재하지 않는다. 평화가 단지 (부정적인 의미에서) 전쟁의 부재를 뜻하는 한, 그것은 오늘날 평화로 간주되는 불길한 〔전쟁의〕 소강 상태에 반대하여 전 세계 남녀 대중들 사이에서 〔진정한〕 평화를 얻기 위해 필요한 그 어떠한 심도 깊은 인내나 절정에 달한 열정도 동원하지 못할 것이다. 오로지 자본과 관료제 모두를

10) 이러한 점들을 확대해 보기 위한 근본적인 논문들로 Mike Davis, "Nuclear Imperialism and Extended Deterrence", Fred Halliday, "The Sources of the New Cold War", *Exterminism and Cold War*, 35~64, 389~398쪽을 보라.

넘어서는 사회 질서의 긍정적인 윤곽만이 전쟁의 위협을 종식할 수 있고, 그것만이 평화 운동이 지탱할 수 있는 유일한 현실적 지평이 될 수 있다. 윌리엄스에 의하면, "평화를 건설하려면 바로 지금 평화 이상의 것을 건설하는 것이 필요하다."[11]

이러한 측면에서, 방금 살펴보았던 보편적 해방의 두 가지 〔여성 해방과 평화라는〕 대의는 사회주의 자체의 특수한 대의와 다르지는 않고 그것과 유대를 맺고 있다. 둘 중의 어느 것도 사회주의와 동일시될 수 없다. 그러나 각각의 경우에 있어서 어느 하나를 향한 경로는, 그것을 가능하게 하는 조건으로서 다른 하나를 통과한다. 계급을 폐지하지 않고서도 성적 평등을 이룰 수 있는 기회란 거의 없다. 그것은 자본을 해체하지 않고 핵 전쟁을 추방할 수 있는 가능성이 거의 없는 것과 마찬가지다. 평화 운동과 여성 운동은 그 실천적인 운명이라는 측면에서 볼 때 결국 노동 운동의 동학과 분리될 수 없다. 〔그러나〕 이것이 노동 운동에 우월한 권리를 부여하지는 않는다. 직접적으로 보편적인 요구를 제기하는, 우리 시대 두 가지 비판 세력〔여성 운동과 평화 운동〕의 자율성은 절대적으로 존중될 필요가 있다. 그러나 그것은 노동 운동에 새로운 책임을 부과한다. 그러한 책임은 국가간의 평화적 공존을 위한 투쟁과 완전한 성적 평등을 향한 투쟁의 물질적 연대를 포함할 뿐만 아니라, 사회주의 그 자체에 대한 계획을 재구성하고 발전시킴으로써 노동 운동이 그것들 사이에서 진정한 중심으로 활동할 수 있는 사상적 능력도 포함한다.

이제 이러한 과업의 절박성은 명백하다. 문명 형태의 대안으로서

---

11) "The Politics of Nuclear Disarmament", *Exterminism and the Cold War*, 85쪽.

사회주의라는 바로 그 개념은 최근 몇 년 동안에 광범위한 서구 노동자 계급 대중들 내에서 희미해지고 멀어졌으며, 동구의 주요 지역에서도 대중적 불신임을 받았다. 이러한 조건하에서는 **미래 사회**로서 사회주의를 새롭게 강조하는 것이 더더욱 필요하다. 그 사회주의가 오늘날 세계 어느 곳에도 존재하지 않거나 혹은 매우 가까이 다가온 것처럼 보일지라도 그것의 명확한 형태에 대해서는 가능한 한 대담하고 구체적으로 논의하는 것이 필요하다. 그러한 논의의 영역은, 그에 대한 최근의 기고문들이 가치와 제도라는 대립되는 축을 〔각각〕 강조하는 대조적인 양상 속에서 식별될 수 있다. 가장 모범적인 두 가지 예를 들어 보자. 한편에서 에드워드 톰슨은 도덕적 욕망을 형상화할 때 관습적인 인식의 세속적인 계산법으로부터 자유로운 유토피아적 상상력을 높이 샀다. 반면 다른 한편으로 레이먼드 윌리엄스는 고전적인 유토피아적 충동이 현존하는 세계를 도피주의적으로 단순화하는 경향을 갖는다고 비난하고, 언제나 현대 자본주의의 배열〔내적 구조〕보다 **더욱 큰**—— 적지 않은—— 복잡성을 포함하는, 현존 세계를 넘어서는 사회주의적 미래를 그럴듯하게 제도적으로 구체화해야 할 보다 엄격한 필요성을 역설했다.[12] 만일 이 둘을 맞대결시킨다면, 무정부주의와 페이비언주의가 각각 전자와 후자의 고유한 강조점에 대한 논리적 결론이 될 것이다. 개방적이고 창조적인 맑스주의는 자신의 본분을 양자 사이의 유연한 균형에서 찾아야 한다.

12) 모리스(Morris)에 대한 이들의 상반된 언급을 보라. Thompson, *William Morris—— from Romantic to Revolutionary*, London, 1977, 802~807쪽 / Williams, *Problems in Materialism and Culture*, 202~205쪽.

이와는 반대로 역사유물론은 양 방향에서 동시적으로 자신의 결점에 대한 비판을 받아 왔다. 역사유물론의 정치적 관심 범위의 공리주의적인 협소함은 유토피아주의가 역사유물론을 비판하는 주제이며, 사회 변화를 제안하는 데서 보인 비실천적인 공허함은 〔역사유물론이〕 유토피아주의라고 비판받는 주제이다. 카르멘 시리아니(Carmen Sirianni)의 최근 저작은 두번째 유형에 대한 강력한 예이다.[13] 이 두 비판 모두 진리에 대한 자신들의 고유한 척도를 갖고 있음에도 불구하고, 보다 큰 힘을 갖고 있는 것은 후자이다. 고전적인 맑스주의는 일반적으로 사회주의 혹은 공산주의 미래의 '청사진'에 대해 항상 회의적이었다. 그러나 그것을 회피함으로써 남겨진 공백이 전적으로 비워져 있었던 것은 아니다. 결과적으로 그 자리를 대신했던 것은, 맑스나 엥겔스의 성숙기 저작들 혹은 그 계승자들에 의해 철저히 비판되거나 수정되지 않았던 유토피아적 사회주의 전통의 잔여물이었다. 그 결과는 과학적이고자 했던 사회주의 내에서 다음과 같은 주제들을 유지하는 것이었다. '인간에 대한 통치를 사물에 대한 관리로 대체하는 것'——『텔 켈』이 생시몽으로부터 전수받은 것——혹은 '분업의 폐지'——푸리에로부터 전수받은 것——와 같은 것이었는데, 이것들은 자본을 전복한 후 복잡한 정치적·경제적 준비를 생각해야 할 가능성이나 필요성을 사실상 배제해 버렸다. 행정과 생산, 경제와 정치 체제의 원초적 단순성이라는 신념은, 어떤 요리사라도 국가를 운영할 수 있다고 써 놓은 『국가와 혁명』에서

13) *Workers' Control and Socialist Democracy*, London, 1982, 261~288쪽 / "Power and Production in a Classless Society", *Socialist Review*, No. 59, September~October 1981, 36~82쪽을 보라.

가장 열정적으로 표현되어 있다. 따라서 볼셰비키 러시아 자체 내의 실제적인 제도화 과정에서 나타난 비참한 결과와 더불어, 고전적 맑스주의 내에서 제도적인 사고의 유산은 매우 빈약했다. 서구 맑스주의의 후기 정통주의적 전통은 이러한 결점들을 치료하기 위해 아무것도 하지 않았다. 그러나 그것은 문명의 이상적인 성격에 대한 다양한 재평가를 행하는 철학적 담론의 영역을 발전시켰다. 프랑크푸르트 학파 및 그와 느슨하게 결합한 사상가들은 이러한 면에서 가장 창조력이 풍부했다. 특히 마르쿠제와 블로흐는 공공연히 도덕적 · 미학적인 유토피아를 다양하게 생산했으며, 아도르노도 완곡하나마 그렇게 했다. 이러한 모든 것들은 현존하는 사회 운동이나 정치적 현실에서 완전히 괴리된 채 관조적인 차원에서 문제를 던졌다. 그럼에도 불구하고 서구 맑스주의 내에 있는 이러한 조류가 긍정적 유산을 남겼다는 것은 의심할 수 없다. 그것은 아마도 하버마스의 의사소통 이론에서 약화된 '교육학적' 변이체를 경유한 것으로 보이는데, 미래에 보다 심오하게 재평가될 때 그것은 창조적인 시도를 위한 중요한 자극이었음이 판명될 것으로 보인다.

그럼에도 불구하고 이러한 작업이 손으로 만질 수 있는 사회주의적 미래의 현실화를 거의 혹은 전혀 건드리지 못했다는 것은 여전히 사실이다. 제도적인 지형은 철저히 무시되어 왔다. 그러나 그것(제도 혹은 제도화)에 대한 진지한 탐구나 계획 없이는 의회제 자본주의를 넘어서는 그 어떠한 정치적 발전도 계속 봉쇄될 것이라는 점은 명백하다. 그것 없이는, 역사의 현 시점에서 현존하는 유형인 동구 사회에서 암흑에 또다시 암흑을 덧칠하게 됨은 말할 것도 없고, 서구 사회의 노동자 계급이나 인민 블록도 결코 어둠 속에서 뛰쳐나

오지 못할 것이다. 그들은 익명으로 남아 있는 사회주의를 결코 신봉하지 않을 것이다.

양자를 가까이 결합하기 위해 실천적인 연구와 제안이 지금 그 무엇보다도 요구되고 있는 커다란 영역들이 네 가지 존재한다. (1) 그 영역들 중 첫번째는 사회주의적 민주주의의 정치적 구조 바로 그것이다. 정치 체제와 경제에 모두 걸친 생산자 민주주의 내에서 작업장 원리와 주거지 원리를 결합하는 '신소비에트적' 체제의 위임 통치, 임기, 공민권 그리고 선거구의 정확한 형태는 어떠한 것인가? 전문적인 행정 기구는 얼마나 오랫동안 존속할 것인가? 어떠한 권력 분립이 성문화될 것인가? 관할권은 중앙 권력과 지방 권력의 수준 사이에서 어떻게 할당될 것인가? 새로운 '위임(delegation)의 기술'이 존재할 것인가? 의사소통 수단에 대한 분산된 통제를 이룰 수 있는 최적의 방법은 무엇이 될 것인가? (2) 두번째의 핵심적인 논의 영역은 분명히 진보된 사회주의 경제의 양상이다. 완벽한 생산자 민주주의와 대안적 계획에 대한 대중의 결정을 가정한다 하더라도, 가장 어렵고 복잡한 문제가 남아 있다. 사회적 소유의 형태가 취할 수 있는 범위는 어떻게 될 것인가? 시장은 얼마만큼의 역할을 수행해야 하는가? 계획은 새로운 욕구의 고유한 동력을 이해하고 그것에 미리 맞춰 나갈 수 있는가? 중앙과 지역의 이해 갈등을 해결하기 위해 어떤 장치가 존재할 것인가? 적당한 가격 메커니즘의 결합체는 무엇이 될 것인가? 주요 서비스 내에서 소비자의 권리는 생산자의 권리와 어떻게 접합되어야 하는가? 생산물 선택의 기회는 늘어나야 하는가 아니면 줄어들어야 하는가? 어떠한 기술 유형과 어떠한 노동 시간의 분배가 바람직할 것인가? 상이한 직업들에 대해서는 어떻게 보수를 지급해야 하는가? (3) 세번째 영역은 주의 깊은 숙고가 한동안 지체되었던 '자유주의적 평등화'의 사회 · 문화적 양상이란 영역이다. 그것은 직접 생산자에 의한 생산 수단의 재전유를 넘어서서 계급적 불평등과 성적 불평등의 폐절을 의미한다. 교육 체계에서 어떠한 종류의 세밀한 변형과 분업의 변화가, 개인의 분화 및 재능의 계발을 제한하기보다는 증대하고 동시에 원초적으로 주어져 있거나 강요된 삶의 기회라는 사다리〔위계 질서〕를 가장 효과적으로 극복할 것인가? (4) 마지막으로 그리고 모든 것들 중에서도 가장 만만치 않은 영역은——필연적으로——불균등하게 발전한 사회주의 국가들간의 국제적 관계와 관련되어 있다. 궁극적으로 이것은 가난한 나라들의 세계 농민과 세계 노동 계급의 관계라는 문제와 함께, 부유한 나라와 가난한 나라들 내의 생산자 계급들간의 관계라는 문제를 또한 포함한다. 만약 북부와 남부*[2]가 모두 자본의 지배로부터 해방된다면, 양자간의 교역과 투자의 적당한 흐름에 대해 어떤 유형의 계획을 수립할 것인가? 어떻게 하면 수입과 자원을 가장 발전적으로 잘 나눌 수 있을 것인가? 어떤 종류의 기술적 교환과 분산이, 자본주의에 의해 남겨진 양극화된 경제적 지역 형태를 가장 잘 완화할 수 있을 것인가? '균형적인 발전'이란 역사적으로 상상할 수 있는 것인가? 만약 그렇다면 그것은 무엇을 의미하는가?

이러한 질문들을 단순히 나열하는 것은, 서구의 맑스주의 전통 내에서 그러한 질문들의 대부분이 얼마나 직접적으로 다루어지지

---

*2) 흔히 국제 관계에서 지역 구분을 할 때 동서는 이념적 관계(사회주의/자본주의)를, 남북은 경제적 관계를 지칭하며, 이때 북부는 부유한 지역을, 남부는 가난한 지역을 의미한다.

않았는가를 보여 준다. 최근 알렉 노브(Alec Nove)가 쓴 『실현 가능한 사회주의 경제』[14]의 출현은 이러한 배경에 반대하는 매우 의미있는 발전이다. 매우 신선하고 명쾌하며, 상식적으로 이해할 수 있고, 유머가 넘칠 뿐 아니라 분석적 논리와 경험적 세부 사항들을 갖춘 이 저작에서, 노브는 자본의 다른 측면에 무엇이 있을 수 있는가란 문제에서 한 세기 동안의 검증되지 않은 선입견과 환상들을 중지시켰으며, 민주적인 통제 아래에서 사회주의 경제가 어떻게 나타날 것인가에 대해 우리에게 처음으로 현실적인 전망을 일깨워 주었다. 그러한 전망의 전제는, 사회주의하의 합리적 계산 방식에서는 노동 가치가 최우선일 것이라는 견해에 대해 노련하고도 우아하게 비판한 것에 있다. 즉 시장이 계획에 의해 완전히 대체될 수 있으리라는 생각, 중앙〔집권적〕 계획 자체가 의사 결정 위계 내의 각 수준간의 모순들로부터 자유로울 것이라는 생각, 또는 분업이 숙련과 역할의 순수한 순환(permutation)에 자리를 내줄 것이라는 생각에 대한 비판이다. 이러한 모든 그릇된 생각에 반대하여 노브는 사회주의하에서 가치를 계산하기 위해 희소성과 효용의 기준이 얼마나 핵심적인가를 보여 준다. 또한 그는 시장과 화폐가 광범위한 소비에 가장 효과적인 민주주의적 미시 경제의 중개자로서 얼마만큼 필수적인가를, 알맞게 구성되고 통제되기만 한다면 시장과 화폐를 유지하는 것이 전반적인 중앙 계획의 지도와는 결코 모순되지 않음을, 그리고 그 어떠한 '자유로운 생산자들의 연합' 내에서도 사회적 자산과 기업 유형의 다양화가 얼마나 필수적인가를 보여 준다. 노브 자신이 선호

14) *Economics of Feasible Socialism*, London, 1983.

하는 해결책은 적어도 다섯 가지 주요한 형태로 그려진다. 그것은 기본적인 생산재 산업과 재정 제도의 국가 소유로부터, 지역 수준에서 활동하는 자치적인 사회화된 기업들, 자기 자산을 통제하는 협동조합, 엄격한 자본금의 최대 한도를 가진 소규모의 개인적 사업들, 그리고 마지막으로 다수의 숙련된 자영업에 이르는 형태들이다. 이러한 모델의 매력은 현실주의와 급진주의의 조합에 있다. 이는 이 책 전체의 많은 부분에서 그 품질을 증명해 준다. 노브의 '실현 가능한 사회주의'는, 시장을 억제하고 행정적 법령으로 가격 관계를 조작하려 한 허무한 시도들과 함께 생산자와 소비자 모두의 피해를 대가로 하는 공산주의 국가들의 과잉 집중화된 계획과 관료주의적 독점과는 완전히 다르며, 마찬가지로 자본주의를 대신하는 어떠한 사회민주주의와도 거리가 멀다. 주요 생산 수단에 대한 개인적 소유권은 모두 폐지되며, 〔개인별〕 소득 차이는 현존하는 동구의 가장 평등주의적인 사회들보다도 더욱 철저하게 압축적인 1 : 2 내지 1 : 3의 범위로 고정된다.

노브의 책은, 그가 토의하는 주제들에서 진부한 다수의 맑스주의자들과 벌였던 재치 있고 악의 없는 인상적인 논쟁을 포함하고 있다(비록 모든 맑스주의자와 논쟁했던 것은 아니며, 그들 중에서 트로츠키는—— 노브가 지적한 대로—— 자신의 결론 가운데 일부를 예지했다). 아마도 『실현 가능한 사회주의 경제』는 맑스주의 전통으로부터 명백히 벗어난, 사회주의에 대한 전후 최초의 중심적인 저작일 것이다. 그러한 까닭에 그것은 자신을 맑스주의자라고 규정하는 모든 좌파에 대해 지적 · 도덕적인 교훈을 표현한다. 이제 그것은 미래 사회주의에 관한 진행중인 토론에서도 정직하고 날카로운 기준이

충족되어야 함을 알림으로써 고유한 공헌을 했다. 〔그러나〕 나는 노브의 작업이 비판의 여지가 전혀 없다고 말하려는 것은 아니다. 그는 사회주의 사회에 대한 개념의 대부분이 유토피아적이라는 이유로 주류 맑스주의 전통을 정당하게 비판했다. 그는, 사실상 윌리엄스와 동일한 관점에서, 사회주의에 대한 그 어떠한 현실적인 모델도 단순성이 아니라 복잡성에 의해 특징지어진다고 주장했다. 그러나 그는 또한 맑스주의를 이상스러울 정도로 등한시하는 방식으로 취급했다. 그의 책에 커다란 권위를 부여한 것은——개혁되었건 개혁되지 않았건 간에 초창기 20년대로부터 지금에 이르는——소련형의 계획 경제에 대한 상세한 지식과 자세한 설명이다. 노브가 학문적 생애의 대부분을 바쳤던 것은 바로 이러한 것들이다. 그 책이 주는 메시지는 바로, 동구 사회는 관료주의적이어서 사회주의와는 아무런 관계도 없다는 식의 단순한 이유 때문에, 동구가 가진 중앙 집중적 계획에 대한 상세한 기록들을 서구 사회주의적 민주주의가 무시해서는 안 된다는 것이다. 이러한 의미에서 『실현 가능한 사회주의 경제』에서 이론적 성취가 가능했던 역사적 전제 조건은, 매우 어렵고 불리한 조건 속에서도 맑스주의의 이름 아래 사회주의를 건설하려 한 축적된 실천 경험들이었다. 다른 역사적 경험은 우리에게 유용하지 않다. 사회민주주의는 노브의 기획에 거의 교훈을 주지 못했고 필연적으로 그의 책에 나와 있지 않다. 그의 배후에는 크로스랜드(Crosland)——그의 『사회주의의 미래』는 적절하게도 많이 언급되지 않는다——의 공허함이 아니라 코르나이의 『사회주의 경제의 딜레마』와 같은 통찰력과 반성적 지식이 숨어 있다.[15] 노브의 현실주의가 단련된 실험실은 동구 유럽과 소련이다.

그러나 그러한 배경은 그의 작업에 핵심적으로 빠져 있는 것을 또한 가르쳐 준다. 우리는 오늘날 우리가 있는 곳에서 그가 가리키고 있는 미래의 지점으로 어떻게 갈 수 있는가? 노브에게는 이러한 질문에 대한 답이 없다. '이행'에 대한 그의 주저하는 듯한 논의는, 영국 노동당의 온건파에 대한 그의 공격적인 충고와, 주요 산업들이 국유화될 때 그것들을 소유하고 있는 자본가에 대해 적당한 보상을 할 수 있다는 변명으로 후퇴하고 있다. 그 어디에도 그가 옹호하는 사회주의 경제 모델이 물질화될 수 있기 위한 조건, 즉 어떠한 거대한 정치적 변화가 발생해야 하는지 그리고 그와 더불어 얼마만큼 격렬한 사회적 투쟁이 발생할 것인지에 대한 인식은 존재하지 않는다. 그가 예견하는 국가 사멸의 미래라는 급진주의와, 그가 묵인할 준비가 되어 있는 현존하는 방책들의 사용이라는 보수주의 사이에는 건널 수 없는 심연이 존재한다. 그가 비판하는 아옌데(Allende)나 벤(Benn)이 취한 자본가에 대한 정책보다 더 유연한 그런 정책들에 의해서 생산 수단에 대한 사적 소유권이 어떻게 폐지될 수 있겠는가? 사실 『실현 가능한 사회주의 경제』라는 책에서 사라진 것은, 20세기의 기록들이 예증한 것처럼, 생산 수단의 통제를 둘러싸고 나타나는 모든 심각한 갈등의 역사적 동학에 대한 관심이다. 만약

15) 야노스 코르나이(Janos Kornai)의 축적된 작업을 위해서는, 다음과 같은 연속적인 저작들을 보라. *Anti-Equilibrium*, Amsterdam, 1971 / *Economics of Shortage*, Amsterdam, 1980 / *Growth, Shortage and Efficiency*, Oxford, 1982. 이것들은 그가 세번째 저작(2쪽)에서 설명하듯이, 〔각각〕 대안적 경제 체계의 연구를 위한 일반적인 방법론적 기초를 수립하고, 사회주의 경제의 미시경제 이론에 기여하며, 마지막으로 사회주의 경제의 역동적 거시경제 이론을 개괄하고자 한 3부작이다. 헝가리의 경험에 대한 실증적 고찰은 위에 인용한 그의 강좌, *Dilemmas of a Socialist Economy*, Dublin, 1979에서 찾을 수 있다.

자본이 자신의 손실을 방지하기 위해서는 베트남처럼 자신의 제국 외곽에 있는 그토록 가난하고도 작은 지역도 파괴할 수 있다면, 자본이 자신의 고국에서 순순히 스스로의 소멸을 감수하는 일이 있을 수 있겠는가? 이러한 측면에서 지난 65년여의 세월이 주는 교훈은 명백하고도 예외 없다는 것이다. 즉 러시아로부터 중국, 베트남으로부터 쿠바, 칠레로부터 니카라과에 이르기까지, 자본주의의 존재가 도전받았던 곳에서 나타난 광포한 개입, 봉쇄와 그에 대응한 시민적 투쟁이 이어 내려오지 않은 경우란 없었다. 서구에서 실현 가능한 사회주의로의 이행은 이러한 양상을 축소하도록 해야 한다. 그러나 그것을 회피하거나 무시하는 것은 이행 가능성의 세계로부터 아예 떠나는 것일 뿐이다. 하나의 선진 국가에서 사회주의 경제 모델을 건설하려는 것 또한 정당한 실천이다. 그러나 필연적으로 대립할 수밖에 없는 주위의 자본주의적 환경과 맺고 있는 계산할 수 있는 관계로부터 사회주의 경제 모델을 이끌어 내는 것――〔노브의〕 이 저작과 같이――은 그것을 무위로 돌리는 것일 뿐이다. 노브의 기획이 가진 아이러니는, 모든 점에서 단호히 현실적으로 되고자 했던 작업이 실제 역사 현실에 대해서는 공상적 추상과 역사적 세력들의 경험적 영역에 의존하고 있다는 점이다. 현실의 역사를 배제함으로써, 『실현 가능한 사회주의 경제』는 자신이 맑스주의에 대해 종종 행했던 바로 그 비판의 손아귀에 떨어진다. 그 책은 민중이 적대적인 계급들로 조직된 후에 어떻게 행동할 것인가라는 명백히 비현실적인 가정에 기초하여 논의를 진행한다. 그러한 의미에서 오직 **실현 가능한 사회주의 정치**만이 『실현 가능한 사회주의 경제』가 탈출하고자 하는 유토피아적인 사상의 영역에서 사회주의 경제를 구해 낼 수 있다.

그러나 어떠한 하나의 책도, 자본과 관료제를 넘어서는 사회주의로의 이행이라는 총체적 문제를 포괄할 수 있으리라고는 기대할 수 없다. 그러한 사회주의에 대한 노브의 접근 속에는, 그 자신이 한때 그러했던 것처럼, 가장 호의적인 의미에서 공무원과 같은 그 무엇인가가 있다. 그것은, 그러한 사회에 대한 선택이 이루어져야 할 경우, 어떠한 실천적 타협이 적절하겠는가를 어느 정도의 초연함을 가지고 명쾌하고 정확하게 설명하는 전문가적 보고서와 같은 것이다. 어떤 면에서는 정치적 열기와 투쟁으로부터의 이러한 거리가 바로 그의 작업에 매력적 힘을 특징적으로 부여하고 있다. 그 어떠한 전략적인 계산으로부터도 자유롭고, 보다 공정한 경제적 질서로 저자를 이끌며, 독특한 관대함과 고상함으로만 특징지어지는 가능한 사회에 대한 결론적인 이미지는 너무나도 현명하고 매력적이어서, 보다 관습적이거나 구속력 있는 배경을 가진 최근의 그 어떤 좌파의 저작보다도 사회주의로의 전환을 창출하는 데 더 크게 기여할 것 같다.

도출되어야 할 수많은 결론들이 있다. 사회주의적 또는 공산주의적 미래를 계획할 때 존재했던, 가치라는 축으로부터 제도라는 축으로의 이동은, 지금까지 많이 요구되어 왔으며 그와 더불어 실천적인 복잡성에 대한 새로운 인식을 가져왔다. 그러나 가치나 제도를 실현할 수 있는 역사적 과정에 대한 그럴듯한 분석으로부터 분리하는 한, 그러한 이동은 공상적 공간에서 자동적으로 벗어남을 표현하지는 않는다. 나는 〔가치와 제도 중〕 어느 쪽에 대한 강조인가라는 문제로 그것을 평가 절하하는 것은 아니다. 반대로 우리가 방금 보았던 예는 그러한 공간으로부터 사회주의라는 문제를 사고하려는 시도가 얼마나 중요한 공헌인가를 입증한다. 사실 그에 대한 보다 깊은 탐구는 가치의 재형성과 제도의 재고안 간의 보다 활동적인 변증법, 즉 그 속에서 서로가 서로에 대한 매개 혹은 통제로 작동할 그러한 변증법을 통해 새로운 종류의 시작을 위한 이득을 얻을 수도 있을 것이다. 변화에 대한 '제도적' 담론과 '이상적' 담론 사이의 심연을 메우려는 두 가지 주요한 충동이 최근 몇 년 동안 진정한 사회주의적 논의의 영역 밖에서 광범위하게 있었다는 사실은 주목할 만하다. 이러한 충동은 여성 운동과 환경 운동으로부터 찾아왔다. 각각은 상상할 수 있는 가장 넓고도 근본적인 주제들——맑스주의의 중심적인 관심사인 계급 관계에 방해가 되지 않고 오히려 그것의 내부에 존재하는 성별 관계, 인류와 자연의 관계들——을 제기함과 동시에, 단기적인 실천적 목표들과의 연결된 주제들을 제기해 왔다. 종종 각각의 주위에 부착되었던 오류 또는 신비화의 여지는 필연적으로 충분히 존재했다. 그러나 인상적인 것은, 현존하는 관계들에 대한 가장 형이상학적인 재평가에서 그러한 관계들에 대한 가장 속류화된 제도적 수정에 이르기까지 전체 영역을 가로지르는, 그들 내의 〔가치에서 제도 혹은 제도에서 가치로의〕 **이행의 용이함**이다. 이러한 양자 사이에서 창조적인 중간 영역을 점하고 있으며, 철학적 반성과 실천적 제안을 독특한 종합으로 결합하는 대안적 사회주의의 윤곽을 그리는 현재적 작업 중 하나가, 직접적인 생태학적 관심을 통해 풍요로워진 앙드레 고즈(André Gorz)의 독창적 작업이라는 사실은 아마도 우연이 아닐 것이다.[16)]

그러면 결론을 내려 보자. 인간 해방에 대한 전망들 모두가 사회주의의 출현과 일치하는 것은 아니며, 사회주의는 오늘날 유토피아적 담론을 독점하고 있지 않다. 사상 체계로서의 사회주의에 대해 공헌한 것이 모두 맑스주의의 산물과 일치하지는 않으며, 맑스주의는 또한 좌파의 비판 이론을 독점하고 있지도 않다. 이러한 것은 80년대에 역사유물론을 어디에 남겨 두는가? 어떤 의미에서 그 지점은 역사유물론이 늘 있어 왔던 곳, 즉 과거와 미래, 경제와 정치, 역사와 전략의 교차로일 것이다. 즉 그곳은 모든 사회주의자들이 준거하는 중심이며, 심지어는 사회주의가 역사유물론을 뛰어넘으려 했던 곳이기도 하다. 그러한 중심성은 배타성이 아니다. 후자〔사회주의가 역사유물론을 뛰어넘으려 한 것〕의 요구는 언제나 확립되지 않았다. 그러나 전자〔모든 사회주의가 준거하는 중심으로서의 역사유물론〕의 기초는, 내가 인용했던 반증들 때문에 유지되었다. 왜냐하면 역사유물론은 전체 사회 발전의 독특한 동학에 대한 이론으로서, 미래 사회주의의 이상적인 지평을 현재의 실천적 모순 및 운동 그리고 그것들의 과거 유산과 충분히 이어 줄 수 있는 유일한 지적 패러다임으로 남아 있기 때문이다. 전통적인 과학의 장기적인 연구 프로그램과 마찬가지로, 역사유물론에도 반복이나 정체의 시기가 있었으며, 자신의 전성기에도 오류와 잘못된 지도 노선이 있었다. 그러나 다른 어떤 패러다임과 마찬가지로 비교할 수 있는 전반적인 지적 발전에서 자신보다 우월한 후보가 존재하지 않는 한, 그것은 대체되지 않을

16) 특히 *Adieux au Proletariat*, Paris, 1980의 주목할 만한 후반부와 *Les Chemin du Paradis*, Paris, 1983을 보라. 이 책들은 노브의 작업과 흥미로운 대비를 이룬다. 여기서도 또한 문화적 가치와 경제적 실천을 위한 현재의 정치적 진로라는 문제가 제기된다.

것이다. 아직까지 그러한 징조는 보이지 않으며, 따라서 우리는 맑스주의 내에서 적어도 오늘날만큼이나 많은 작업이 미래에도 이루어질 것이라고 확신할 수 있다. 현재 서구 노동자 계급은 혼란에 빠져 있고, 산업 혁명 이래로 자신의 역사를 주기적으로 특징지었던 광범위한 재조직화를 이루려 필사적으로 노력하고 있다. 그러나 그들의 패배와 분열은 지난 대공황 때에 비하면 훨씬 덜한 것이며――〔핵〕 전쟁만 일어나지 않는다면―― 그들에게 기회는 많다. 맑스주의가 자신의 아르키메데스의 작용점, 즉 객관적인 구조의 제거를 위해 효과적인 전략을 세울 주관적인 대리 행위에 대한 모색을 포기할 이유란 없다. 그러나 이 세 용어들〔구조, 대리 행위, 전략〕은 오늘날 세계 자본주의 내에 퍼져 있는 변화들 속에서 주저하거나 무관심한 수백만의 사람들에게 바람직하고 믿을 만한 공통의 목표를 갖게 할 때에만, 성공적으로 결합될 수 있다. 어떻게 계산해 보더라도 그러한 조건은 아직 멀리 떨어져 있다. 그러나 그러한 조건을 향한 사회주의 주류 전통의 흐름, 역사유물론의 흐름 없이는 거기에 도달하지 못하리라는 것도 우리는 확신할 수 있다.

중원문화 아카데미 新書

1 한국근대 사회와 사상 • 일본 교토대학교 연구소 엮음
2 걸어다니는 철학 • 황세연 저
3 반듀링론 • F.엥겔스/김민석 역
4 헤겔 법철학 입문 • 꼬우즈미 따다시 지음
5 이성과 혁명 • H.마르쿠제/김현일 외 역
6 정치경제학 교과서 I-1 • 짜골로프 외/윤소영 엮음
7 정치경제학 교과서 I-2 • 짜골로프 외/윤소영 엮음
8 정치경제학 교과서 I-3 • 짜골로프 외/윤소영 엮음
9 이탈리아 맑스주의 • K.프리스터/윤수종 옮김
10 걸어다니는 경제사 • 황세연 편저
11 자본론에 관한 서한집 • K.마르크스와 F.엥겔스 저
12 지배와 사보타지 • 안토니오 네그리/윤수종 옮김
13 과학기술사 • 석동호 편저
14 저개발과 의약품 • M. 뷀러/우연재 옮김
15 맑스주의의 세 갈래길 • W. 레온하르트/하기락 옮김
16 역사적 맑스주의 • R.알튀세르/서관모 옮김
17 경제학의 선구자들 • 일본경제신문사/김종호 옮김
18 근현대 사회사상가 101 • 이마무라 히도시/안효상 옮김
19 맑스를 넘어선 맑스 • 안토니오 네그리/윤수종 옮김
20 교육과 의식화 • P.프레이리/채광석 역
21 정치경제학 교과서 II-1 • 짜골로프 외/윤소영 엮음
22 정치경제학 교과서 II-2 • 짜골로프 외/윤소영 엮음
23 청년 마르크스의 휴머니즘 • H.포피츠/황태연 역
24 사회를 어떻게 볼 것인가? • 황세연 편저
25 헤겔연구② • 임석진 외저 (절판)
26 칸트 철학입문 • W.O.되에링/김용정 역
27 노동조합 입문 • 양원직 편저
28 마르크스에서 쏘비에트 이데올로기로 • I.페처/황태연 역
29 소유의 위기 • E.K.헌트/최완규 역
30 변증법의 현대적 전개① • W.뢰트/임재진 역
31 변증법의 현대적 전개② • W.뢰르/임재진 역
32 모순의 변증법 • G.슈틸러/김재용 역
33 헤겔연구③ • 임석진 외저 (절판)
34 국제무역론 • 久保新一/김선기 역
35 칸 트 • 코플스톤/임재진 역
36 자연과학과 철학 • H.라이헨바하/김회빈 옮김
37 철학 입문 • 황세연 편역
38 맑스주의의 역사 ① • P. 브르니츠키/이성백 옮김
39 맑스주의의 역사 ② • P. 브르니츠키/이성백 옮김
40 한국사회와 자본론 • 황태연 저
41 정치경제학 비판을 위하여 • K.마르크스/김호균 역
42 과학기술 혁명시대의 자본주의와 사회주의 • 황태연 저/허상수 엮음
43 혁명운동의 문제들 • S. P.노보셀로프/이창휘 옮김
44 마키아벨리의 고독 • 루이 알튀세르/김민석 역
45 들뢰즈와 가타리 • 로널드 보그/이정우 옮김
46 과학적 사회주의 • G.그로서/송주명 옮김
47 맑스-레닌주의 철학의 본질 • F. V. 콘스탄티노프/김창선 역
48 철학의 기초(1) • A. 라키토프/김신현 옮김

중원문화 아카데미 新書

49 철학의 기초(2)
• A. 라키토프/김신현 옮김

50 소수자 운동의 새로운 전개
• 윤수종 외 지음

51 한눈에 들어오는 서양철학사
• 타케다 세이지/홍성태 옮김

52 마르크스즘과 유로코뮤니즘
• 산티아고 까리요/김유향 옮김

53 맑스주의와 프랑스인식론
• P. 토미니크 르쿠르/박기순 옮김

54 논리의 오류
• 에드워드 데이머/김회빈 역

55 프랑스 문화와 예술
• 마르크 블랑팽 · 장 폴 쿠슈/송재영 옮김

56 개발과 파괴의 사회학
• 홍성태 지음

57 인민의 벗이란 무엇인가
• V. 레닌/김우현 역

58 예술 · 정보 · 기호
• 가와노 히로시/진중권 역

59 담론의 질서
• 미셸 푸코 지음/이정우 해설

60 사회학의 명저 20
• 김진균 외 지음

61 세계 철학사(1)
• Akademiya Nauk SSSR 편

62 세계철학사(2)
• Akademiya Nauk SSSR 편

63 세계철학사(3)
• Akademiya Nauk SSSR 편

64 세계철학사(4)
• Akademiya Nauk SSSR 편

65 세계철학사(5)
• Akademiya Nauk SSSR 편

66 인격의 철학, 철학의 인격
• 김종엽 저

67 담론의 질서
• 푸코 지음/이정우 옮김

68 교육자의 길
• 이오덕 외 저

69 정치경제학
• 짜골로프 저

70 박정희 시대-5.16은 쿠데타다
• 이상우 저

71 박정희 시대-민주화운동과 정치주역들
• 이상우 저

72 박정희 시대-5.16과 한미관계
• 이상우 저

73 박정희와 유신체제 반대운동
• 이상우 저

74 세계사 (제국주의 시대)
• 김택현 편

75 세계사 (제1차세계대전)
• 김택현 편

76 세계사 (제2차세계대전과 파시즘)
• 김강민 역

77 세계사 (현대)
• 조진원 편/이춘란 감수

78 근현대 형성과정의 재인식①
• 안종철 외 저

79 근현대 형성과정의 재인식②
• 정근식 외 저

80 시몬느 베이유 철학교실
• 앙느레느/황세연 역

81 소크라테스에서 미셸 푸코까지
• 기다 캔/김석민 역

82 상식 밖의 세계사
• 가바야마 고아치/박윤명 역

83 들뢰즈와 카타리
• 로널드 보그 저/이정우 옮김

84 새로운 예술을 찾아서
• 브레이트 저/김창주 역

85 역사 유물론의 궤적
• 페리 앤더슨/김필호 외 옮김

86 철학적 맑스주의
• 루이 알튀세르/서관모 역

87 생산의 발전과 노동의 변화
• 마이클 피오르 외/강석재 외 역

88 항일과 혁명의 한길에서
• 김운선 지음

89 지배와 사보타지
• 안토니오 네그리/윤수종 역

90 헤겔철학 서설
• 오토 푀겔러/황태연 역

91 과학적 공산주의란 무엇인가
• 빅토르 아파나시예프/최경환 역

92 페레스트로이카 논쟁(서독)
• 에케르트 외/송주명 역

93 페레스트로이카 논쟁(동독)
• 모르겐슈테른 외/신현준 역

94 페레스트로이카 논쟁(프랑스)
• 프랑시스 코엥/신현준 역

95 페레스트로이카 논쟁(소련)
• 야코블레프 외/신현준 역

96 마르크스주의와 개인
• 아담 샤프/김영숙 역

철학
대사전
哲學大事典
Dictionary of Philosophy
철학대사전편찬위원회

History of World philosophy
세계
철학사
세계철학사
History of World philosophy